数学的な見方・考え方を働かせる

算数科の「探究的な学習」

加固希支男
東京学芸大学附属小金井小学校

明治図書

はじめに

今こそ，「先生たちの力が必要」だ！

　今，「子どもに学びを委ねる」という言葉が至る所で叫ばれています。

　子どもが自ら学習を進め，自分の興味・関心に基づいた学習をする。そんな学習ができたら理想的です。本著のタイトルにもある「探究的な学習」こそ，「子どもに学びを委ねる」ことができなければ実現しません。

　「子どもに学びを委ねる」とき，子どもの解き方を見て「よくできたねぇ」と言って見ているだけでよいのでしょうか。学習の手引きを用意して，あとは子どもがやることを見守るだけでよいのでしょうか。

　あるところで，「子どもに学びを委ねることができず，ついつい声をかけちゃうから，縄で自分をいすに縛って，子どもに声をかけないようにした」と言っている先生がいました。

　さすがに，これは大げさな話だと思いますが，「子どもに学びを委ねる」という言葉が，先生の見取りの力を抑えつけてしまっているように感じます。そして，今までいろいろと積み上げた先生方の努力や経験を否定するように捉えられ，先生方の自信を失わせてしまっているようにも感じています。

はじめに　003

私は，「どうやったら，全国の様々な子どもに学びを委ねられるのか？」と考えていますが，そのためには「先生たちの力が必要」だと思っています。

　学級経営力も教材研究力も，ICT に関する技術も，人間性も，一人一人の先生たちが積み上げてきた技術や経験が必要です。そうしなければ，子どもに学びを委ねたときに，一人一人の学びを見取り，価値付けることはできないからです。

　「子どもに学びを委ねる」ためには，今まで以上に「先生たちの力が必要」で，一人一人の子どもがやっていることを「おもしろい！」とか「あなたがやっていることは○○という価値があるんだよ！」と声をかけて，子どもの背中を押してあげる存在にならなければなりません。これまで以上に学級経営力，教材研究力が必要になるということです。

　だから，これまで経験を積み上げてきた先生方の力は必要です。ぜひ，これまでの経験を，経験が浅い先生方にも伝えていってください。そして，経験の浅い先生方は，聞いたことを基に，自分なりにアレンジして，よりよいものにしていってくれたらと願っています。

　「子どもに学びを委ねる」ためには，一斉授業以外の学習形態を用意したり，ICT を活用したりすることは必要です。でも，それはあくまで手段です。目の前の子どもによって手段は変わります。そこには，先生方の判断が不可

欠です。ですから，今こそ「先生たちの力が必要」だと考えています。

　様々な子どもの学びを促進するためにも，今までのやり方に固執しない方がよいと思いますし，様々な考え方や技術を取り入れていく柔軟性は必要です。ですから，「〇〇は意味がない」「流行に流されないようにすべきだ」と思わず，できる範囲で，いろいろなやり方を模索することが大事です。私も，できる範囲で模索していきますので，ぜひ，この本を読んでくださった先生方も，いろいろなやり方を模索していっていただけたらと願っています。

　「子どもに学びを委ねる」ためには，絶対に「先生たちの力が必要」です。なぜなら，目の前の子どものことを一番知っていて，学びや生活の文脈を一番知っているのは，毎日一緒にいる現場の先生方だからです。「子どもに学びを委ねる」ためには，子どもが学習を進められるように背中を押したり，わからない子どもに支援をしたりしなければなりません。

　要するに，子ども一人一人の見取りが前提になければ，子どもに学びを委ねることはできないのです。

　子ども一人一人を見取るためには，時間がかかります。1日や2日ではできません。先生が「この子は，自分で学習を進められるようになったな」とか，「この子は，まだ一緒に考えてあげてからの方が，自分で学習が進められそうだな」などと考えられないと，「ただやっているだけ」

はじめに　005

のドリル学習・プリント学習を子どもにさせてしまうこと
になります。

　だから，今こそ，「先生たちの力が必要」なのです。

　子ども一人一人を見取るためには，不断の努力が必要で
す。子どもを見取る力だけでなく，見取った後に，子ども
が学習していることを価値付けたり，時には，軌道修正し
たりする必要があります。しかし，それは本来の教師の仕
事そのものではないでしょうか。

　教師の仕事は多岐にわたります。しかし，「子どもに学
びを委ねる」ためには，子どもを見取る，教材研究をする
といった，教師の本業そのものを大切にする必要があるの
です。これは，教師にしかできない仕事です。

　「子どもに学びを委ねる」ためには，子ども一人一人を
見取らなければなりません。それは，教師としての存在意
義が求められるということです。

　子どもにたくさん声をかけてあげてください。子どもと
一緒に問題を解いてください。理解できない子どもには，
教えてあげてください。そして，一緒に学習を楽しんでく
ださい。その姿を見て，きっと子どもは「学ぶことは楽し
いのだ」ということを肌で感じてくれるはずです。

　私は，「これからの教育には，全国の先生たちの力が本
当に必要だ」と考えています。一人一人の先生が「こんな
ことをしたい！」「こんな学習はどうだろうか？」と試行

錯誤しながら，日々の授業を楽しんで計画し，実践することを積み重ねた先に，子どもが学びを楽しむ姿があると考えています。それが，「子どもに学びを委ねる」ことにつながるのではないでしょうか。

　ぜひ，一緒に教育を楽しみ，子どもに学びを委ねてみましょう。

　そのためにも，

「先生たちの力が必要」だ！

2025年2月

加固希支男

目次

はじめに／003

第1章
これからの時代に
必要とされる力を考える

1　これからの時代に必要な力／016

2　教科教育を通した人間教育／023

第1章のポイント／026

第2章
算数科における
「探究的な学習」の捉え

1　算数科における「探究的な学習」の必要性／028

2　算数科における「探究的な学習」の捉え／030

3 算数科の「探究的な学習」における
  数学的な見方・考え方の重要性／034
4 算数科における「探究的な学習」の位置づけ／037
5 算数科における「探究的な学習」は
  日々の積み重ねの先に／039

第2章のポイント／042

第3章
数学的な見方・考え方について

1 「探究的な学習」と「個別最適な学び」／044
2 「個別最適な学び」における教科教育の重要性／048
3 数学的な見方・考え方とは何か／052

第3章のポイント／060

第4章
算数科における「探究的な学習」を実現するための一斉授業のつくり方

1　今まで自分が行ってきた一斉授業への反省／062

2　今まで行ってきた一斉授業のよさ／069

3　個別学習や単元内自由進度学習を
　　取り入れる意味／070

4　「学び方」を学ぶための一斉授業の重要性／071

5　「学び方」を学ぶための一斉授業の一例／072

6　「探究的な学習」の前に教師がやるべきこと／076

7　「教科に向かう主体性」を育てる／079

第4章のポイント／082

第5章
算数科における「探究的な学習」を実現するための単元のつくり方

1　一斉授業と個別学習の時間配分のイメージ／084

2　1単位時間ではなく単元で考える重要性／087

3　6年「文字式」の実践例／088

4　一斉授業か個別学習かをだれが決めるのか／100

第5章のポイント／102

第6章
算数科における「探究的な学習」を実現するための個別学習のつくり方

1　扱う問題／104

2　個別学習の流れ／105

3　ノートのつくり方／106

4　めあては数学的な見方・考え方を働かせること／107

5　全員が理解すべき線は教師から出した問題／108

6　発展的に考察したことは紹介する程度に／110

7　数学的な見方を働かせているかは，
子どもに表現してもらって見取る／114

8　学習の意図が伝わっていなければ一斉授業に戻す／115

第6章のポイント／118

目次　011

第**7**章
ICT を使った数学的な 見方・考え方を働かせるための 学習環境のつくり方

1　教育 DX の方向性／120

2　数学的な見方・考え方を
　　働かせるための ICT 実践／121

3　６年「分数×÷整数，分数×分数」の実践例／127

4　単元末の振り返りにも効果的／132

5　「ICT を使った投稿＝共有できている」
　　ではない／134

6　算数科における ICT 活用の方向性／136

第７章のポイント／138

第**8**章
算数科における「探究的な学習」 の学習評価

1　評価をする前に意識しておくこと／140

2 数学的な見方・考え方を軸にした
　　評価規準の作成／143

3 学習評価の実際／150

4 「知識・技能」と「主体的に学習に
　　取り組む態度」の学習評価／158

第8章のポイント／164

第9章
算数科における「探究的な学習」の際の教師の役割

1 数学的な見方のつながりを意識した
　　系統性のある教材研究が一番の役割／166

2 「探究的な学習」中の教師の役割／174

3 「だれも嫌な思いをしないようお互いを
　　尊重する」という相互承認の意識を守る／184

第9章のポイント／188

目次　013

第1章
これからの時代に
必要とされる力を考える

生成 AI の出現で，ここ数年の我々の生活は一変したと言っても過言ではありません。日常的に使っている言葉（自然言語）を使って考えたいことを入力すれば，ある程度の精度で回答が返ってきます。現時点ではそのまま使うことが適していない場合もありますが，考えるたたき台として使うには十分です。

　生成 AI の出現は，学校教育のあり方も変えていきます。「計算ができるようになる」「歴史の出来事を覚える」といった，知識及び技能をインプットすることだけが学習ではないことは，随分と昔に共有されていたと思いますが，今一度，教育のあり方を考えるタイミングが訪れたと言えるでしょう。

　我々教師は，子どもたちに思考力を養ったり，様々な人と関わる力を身に付けさせたりすることに尽力してきました。この積み重ねを基に，これからの時代に必要な力について考え，「これからの教育どうする？」ということを考える必要があるのです。

1 これからの時代に必要な力

(1)生成 AI 時代に求められる力を考えてみる

　次のページの図1の絵を見てください。この絵が何だかわかるでしょうか。この絵は，生成 AI（ChatGPT-4o）に「10年後の日本の小学校の様子をイメージして絵をかい

図1　ChatGPT-4oに「10年後の日本の小学校の様子をイメージして絵をかいて」とプロンプトを入力し数十秒後に出てきた絵

て」とプロンプトを入力して，数十秒後に出てきた絵です。この絵を見て，どんなことを思うでしょうか。

「こんな学校になるなんて絶対に言えるのか？」「後ろの方にかかれている校舎がいかにも日本風だけれど，こんな木造の校舎なんて時代錯誤だ！」と，否定的に捉える方もいるかもしれません。そのご意見も大切だと思います。生成AIは正解を導き出してくれるものではなく，あくまで自分で考える際に参考とするためのものです。だから，**常**

第1章　これからの時代に必要とされる力を考える　017

に「**本当かな？**」**と批判的にみる必要があります。**

　しかし，この絵を数十秒でかける人がいるでしょうか。たぶん，世界中を探しても，このクオリティで絵をかける人はいないのではないでしょうか。そうなると，「絵をかく技術というのは，どこまで求められるのか？」という疑問が浮かんできます。

　これを算数科に置き換えてみると，正しく計算したり，作図を正確に行ったりする技能はどこまで必要なのでしょうか。一つひとつの用語をどこまで正確に覚えておく必要があるでしょうか。

　知識及び技能は，考えるためには間違いなく必要です。生成 AI を使うためには，プロンプトを入力する必要があります。そのためには「自分が何を考えたいのか？」ということを考える必要があります。「自分が何を考えたいのか？」を考えるためには，知識及び技能は必要です。また，「これは正しいのかな？」ということを考えるためにも，知識及び技能は不可欠です。しかし，ペーパーテストで100点を取る必要があるかと問われれば，その必要性は低くなっていると答えざるを得ないでしょう。

(2)普遍的な力と人間らしさ

　テストで100点取れるからといって学力が高いわけではないということはだれでもわかっているとはいえ，どうしても「点数が取れる＝必要な力は身に付いている」のような捉えられ方は，拭いきれていないように感じます。

018

では，生成 AI があることが前提のこれからの時代に必要な力とはどんな力なのでしょうか。たぶん，その質問に明確に答えられる人はいないのではないでしょうか。

　「それじゃあ，何をすればいいかわからないじゃないか！」と思われる方もいらっしゃるかもしれません。でも，やっぱり「わからない」のです。

　10年前に生成 AI の登場を予想できたでしょうか。私にはできませんでした。こんなに世の中がキャッシュレス決済になると思っていたでしょうか。私なんかは，つい最近まで現金ばかり使っていました。

　要するに，「これからの時代」なんて，だれにも予想がつかないのです。予想がつかないということは，ある意味では**普遍的な力が必要**だと言えます。

　この点を踏まえて，私なりにこの「普遍的な力」をいくつかあげてみます。

①何が起きてもあきらめず，いろいろなことに興味・
　関心をもち，新しいことを吸収する力
②他者の考えを尊重する力
③失敗を恐れずチャレンジする力
④何かを創り出すための知識及び技能
⑤「自分」を確立する力

　これからの時代は何が起きるかわからないので，自分が信じてきた常識といったものは崩れる可能性が高いです。

第1章　これからの時代に必要とされる力を考える　019

そのとき，「もうだめだ」とあきらめるのではなく，「①何が起きてもあきらめず，いろいろなことに興味・関心をもち，新しいことを吸収する力」が必要になるでしょう。そして，この力が大前提になるだろうと考えています。

　また，様々な情報があふれる世の中においては，何の情報を信じてよいかわからなくなっていきます。そのとき，どうしても有識者といわれる権威のある人の話や，最先端の考えをもった人の話に頼りたくなります。それは正しいことだと思います。まずは，対象となる事象に詳しい人の話を聞くことが大事です。感覚で物事を考えるだけでは正しい判断はできません。しかし，「これは正しいだろう」と思われる話にも，否定的に捉える人たちもいます。その人たちの話も聞き入れ，より広い視野，より多くの人の意見を取り入れて，分断を起こさないような心がけは大切だと考えています。そのためには「②他者の考えを尊重する力」が必要です。

　次に，「③失敗を恐れずチャレンジする力」についてですが，何が起こるかわからない時代だからこそ，失敗を恐れずにチャレンジする力は必要だと思います。「あんなことは意味がない」「やってもむだ」などと思っていてはだめです。そんなことを思わず，まずはやってみることが大事です。だって，だれもやったことがないことが次々と現われるのですから。

　余談ですが，「『個別最適な学び』なんてものは，子どもを孤立させる」「ICT なんて使っても考える力が落ちるだ

けだ」といった言葉を聞くことがありますが，「まずはやってみるといいのでは？」と思います。やったうえで，「もっとよくするためにどうするか？」を議論すればよいのです。今までの「一斉授業のみ」や「紙と鉛筆だけ」のやり方が満点ではなかったのはだれが見ても明らかですから。そのうえで，よりよくしていけばよいだけなのです。だから，失敗を恐れずチャレンジしましょう！

　ここまでいろいろと述べてきましたが，そのすべてを行うためには，知識及び技能が必要です。この文章を読むためには日本語を理解しなくてはいけませんし，一つひとつの言葉の意味がわからなければ理解できないはずです。算数科の授業で考えても，わり算を考えるためにはかけ算が必要です。新しい知識を自ら創り出すためには，その前提となる知識及び技能は必要なのです。今井（2024）が「ひとつひとつのことばを世界に（自分の経験に）『接地』させ（ひもづける），そこから自分で推論して知識を拡張していく」と述べている通り，知識及び技能は覚えるためのものではなく，自分の経験に接地させ，そこから自分で使いこなすものとして必要なのです。

　「知識及び技能は不要だ」ではなく，完璧に覚える必要がなくなるだけです。知識及び技能を間違えずにインプット・アウトプットできることを生成 AI はじめ，コンピューターがやってくれる世の中になればなるほど，人間には，「④何かを創り出すための知識及び技能」が求められるということです。

第 1 章　これからの時代に必要とされる力を考える　021

そして最後に，「⑤『自分』を確立する力」が大事だと思います。目まぐるしく世の中が変化すると，今までもっていた自分の常識が揺るがされることでしょう。教師の世界だって，「一斉授業でみんなで学習することが一番大切だ！」と思っていても，個別学習や単元内自由進度学習を取り入れる流れは止められないでしょう。でも，ドリルやプリントをひたすら解き続けるだけの個別学習や単元内自由進度学習に意味はあるでしょうか。そこには，今まで積み上げてきた教師としての経験や知恵が不可欠です。子どもが考えていることを見取り，価値づけ，さらに先の学習に発展させていくためには，教師の力が必要です。そのためには，不断の努力が求められます。学級経営力や教材研究力を高め続けなければなりません。結局は，あなたの考え，経験，信念といったことが求められるのです。そのためには，先述の①〜⑤の力が必要でしょう。これは教師の世界に限ったことではありません。どの仕事，どの世界においても同様のことが考えられます。

　これからの時代に必要な力について５つ述べてきましたが，**そこに共通するのは「人間らしさ」**です。失敗してもやめないのは人間らしさでしょう。何が得かはわからなくても，まずはやってみることができるのも人間らしさです。価値観の違う他者から学べる優しさや狡猾さだって，人間らしさです。そして，他人から見て「なんでそんなことするの？」というような非効率なことであっても，その中におもしろさを感じるのが人間らしさなのです。

(3)結論は「生涯にわたって能動的に学び続ける力」

先述の通り，これからの時代では，もっともっと「人間らしさ」が大切になると考えています。この「人間らしさ」を発揮するためには，変化し続けることが大事だと考えています。変化し続けることによって，よりよい知見を得るだけでなく，「変えてはいけないこと」も見えてくるのだと思います。

このように考えると，**「生涯にわたって能動的に学び続ける力」**こそが，これからの時代に最も必要な力ではないでしょうか。

2 教科教育を通した人間教育

平成29年告示の小学校学習指導要領には，はじめて前文が載せられました。その前文の一部（文部科学省，2017）をご紹介します。

これからの学校には，こうした教育の目的及び目標の達成を目指しつつ，一人一人の児童が，自分のよさや可能性を認識するとともに，あらゆる他者を価値のある存在として尊重し，多様な人々と協働しながら様々な社会的変化を乗り越え，豊かな人生を切り拓き，持続可能な社会の創り手となることができるようにすることが求められる。このために必要な教育の在り方を具体化するのが，各学校において教育の内容等を組織的かつ計画的に組み立てた教育課

程である。（下線は筆者加筆）

　この前文は，とても意味があるものだと考えています。学習指導要領とは，「全国のどの地域で教育を受けても，一定の水準の教育を受けられるようにするため，文部科学省では，学校教育法等に基づき，各学校で教育課程（カリキュラム）を編成する際の基準を定めています」（文部科学省，2011）とされている通り，教育課程を編成する際の基準となるものです。読んでみると，主に各教科等の学習内容について書かれています。

　しかし，現行の学習指導要領には前文が載せられました。読めばわかりますが，前文には学習内容のことではなく，「何のために教育をするのか？」ということが書かれています。

　私はこの中でも，下線部分が重要だと考えています。下線部分をまとめると，**「各学校の教育課程を通して，一人一人の児童が，持続可能な社会の創り手となることを目指す」**ということになります。平たく言えば，「どの学習も，人間教育をするために行いましょう」ということを述べているということだと思います。

　算数科も教育課程の１つです。だから，ただ問題が解けるようになればよいというわけではないのです。**「算数科を通して，よりよい人間に育てる」ということが大事**なのです。そして，「一人一人の児童が，持続可能な社会の創り手になることを目指す」のです。「学級全体として」で

はなく，「一人一人」です。しかも「創り手」なのです。

　人はそれぞれ得手不得手があり，個性があります。ですから，全員が同じ内容を習得したり，統一された力を身に付けたりすることは難しいでしょう。だからこそ，「全員が身に付けるべき学習内容を決めたうえで」ということを前提にして，一人一人の子どもに応じた学習で，一人一人に応じた力の伸ばし方が必要だということです。そして，子どもが「自分は，何かを創り出せる人だ」と少しでも感じられるような教科教育を目指していくことが求められるということです。

【第1章　参考・引用文献】

・今井むつみ（2024）「生成 AI の時代の言語能力，読解力とその基盤となる資質能力」（令和 6 年 3 月25日　今後の教育課程，学習指導及び学習評価等の在り方に関する有識者検討会（第10回）資料 3，p.28）
・文部科学省（2017）「小学校学習指導要領（平成29年告示）」p.15
・文部科学省（2011）「学習指導要領とは何か？」（文部科学省ホームページ）

第1章のポイント

❶これからの時代に必要な力

　私なりに考える5つの普遍的な力は，以下の①〜⑤です。

①何が起きてもあきらめず，いろいろなことに興味・
　関心をもち，新しいことを吸収する力
②他者の考えを尊重する力
③失敗を恐れずチャレンジする力
④何かを創り出すための知識及び技能
⑤「自分」を確立する力

　共通するのは「人間らしさ」であり，「人間らしさ」を
発揮するためには，変化し続けることが大事です。そのた
め，「生涯にわたって能動的に学び続ける力」が最も必要
な力だと考えています。

❷算数科を通した人間教育

　問題が解けるようになればよいのではなく，「算数科を
通して，よりよい人間に育てる」ということが大事です。
そして，「一人一人の児童が，持続可能な社会の創り手に
なること」を目指すのです。「自分は何かを創り出せる人
だ」と少しでも子どもが感じられるような算数科（教科教
育）を目指していくことが求められるのです。

第2章
算数科における
「探究的な学習」の捉え

今，探究という言葉が教育の世界にあふれています。子どもが興味・関心をもった学習を進めることには大賛成ですが，果たしてそれだけでよいのか。そもそも自分で興味・関心がもてない子どもは探究ができないのか。そんな疑問が私の中でわいています。

　算数科は教科です。算数科を学習するということは，国語科や社会科を学習することとは別の価値があり，教科としての存在意義があるはずです。ですから，算数科における「探究的な学習」というのは，「算数科ならではの『探究的な学習』」が行われる必要があると考えています。

　そこで本章では，「算数科における『探究的な学習』をどう捉えればよいのか？」ということを述べていきます。

1 算数科における 「探究的な学習」の必要性

　第1章で，これからの時代に必要な力について，以下の5つの力を示しました。

①何が起きてもあきらめず，いろいろなことに興味・関心をもち，新しいことを吸収する力
②他者の考えを尊重する力

③失敗を恐れずチャレンジする力

④何かを創り出すための知識及び技能

⑤「自分」を確立する力

　そして，この５つの力を総括して「生涯にわたって能動的に学び続ける力」という言葉でまとめました。

　「生涯にわたって能動的に学び続ける力」を算数科の学習で身に付けるためには，「探究的な学習」が有効だと考えています。

　「探究的な学習」というと，自分で問題を考えたり，解決した問題を発展させたりすることを想像すると思います。教師が提示した問題を解決した後，「先生，次は何をすればいいですか？」と聞いている時点で「探究的な学習」ではないでしょう。そうなると，「探究的な学習」をするには，自分で「次は何をするといいかな？」と考える力が必要になります。しかし，いつも１人で次の問題がひらめくわけではないので，他者の考えをどんどん受け入れていくことも大切になります。時には，「やってみたけれど，うまくいかなかった」ということもあるでしょう。でも，それで終わらせてしまったら「探究的な学習」は進みません。そもそも「探究的な学習」をするためには，知識及び技能は必要です。そして何より「何をしたいのか？」ということを考え，「自分」を確立することを常に意識しなければなりません。

　その結果，「生涯にわたって能動的に学び続ける力」を

養うことにつながるというわけです。だから，算数科において も「探究的な学習」を行いたいのです。

　算数科は教育課程の1つで，どの学校でも毎日のように 行われる教科です。どの学校でも日常的に学習する算数科 を通して，少しずつ「生涯にわたって能動的に学び続ける 力」を育て，「持続可能な社会の創り手」を育成すること が，算数科が学校で学習される大きな意義の1つだと考え ています。だから，**特別な時間を設けて「探究的な学習」 をするのではなく，日々の算数科の学習を「探究的な学 習」にしていきたい**のです。

2 算数科における「探究的な学習」の捉え

　算数科で，子どもが興味・関心をもって計算練習をやっ ていたら，それは「探究的な学習」なのでしょうか。「計 算をもっと速く正確にできるようにしたい！」と思ってや っているのであれば，価値のある学習ではあります。しか し，それを「探究的な学習」と呼ぶことには，少し違和感 があります。

　また，教師がおもしろい問題を提示して，その問題に熱 心に取り組んでいる場合はどうでしょうか。確かに，子ど もは熱心に問題に取り組んでいますが，結局は教師が出し た問題を解いているだけになってはいないでしょうか。問 題を解決したら，「だったら…」とさらなる問題を発展し て考えていく姿を期待したいものです。

030

『学習指導要領（平成29年告示）解説　算数編』（文部科学省，2017）には，以下のことが述べられています。

算数科の学習においては，「数学的な見方・考え方」を働かせながら，知識及び技能を習得したり，習得した知識及び技能を活用して探究したりすることにより，生きて働く知識となり，技能の習熟・熟達にもつながるとともに，より広い領域や複雑な事象について思考・判断・表現できる力が育成され，このような学習を通じて，「数学的な見方・考え方」が更に豊かで確かなものとなっていくと考えられる。（下線は筆者加筆）

下線部を読むとわかりますが，算数科における「探究的な学習」は，「『数学的な見方・考え方』を働かせながら，習得した知識及び技能を活用すること」が必要です。ここで注目すべきは，**「数学的な見方・考え方」を働かせる**という点です。算数科における「探究的な学習」では，子どもが興味・関心に基づいて学習するだけでなく，数学的な見方・考え方を働かせることが重要なのです。というよりも，**数学的な見方・考え方を働かせられるようになると，「探究的な学習」のやり方がわかるようになっていくので，だんだんと算数科の学習に興味・関心をもちやすくなるの**です。

西村他（2024）は，中学校数学科において，数学的に考える態度の育成や，生徒が「問題発見・解決の過程」を自

第2章　算数科における「探究的な学習」の捉え　031

立的に遂行できるようにするための学びを「探究的な学び」とし、「生徒が、数学内外の事象について<u>問いを見いだし</u>、自分や他者との対話による思考を繰り返し問題解決を進め、解決の結果や過程を振り返って得たことを整理し、<u>新たな問いをもつことを重視する学び</u>」（下線は筆者加筆）としています。この「探究的な学び」の捉え方は、算数科における「探究的な学習」においても十分参考になるものです。西村他（2024）の「探究的な学び」の捉え方の中でも、特に下線部分の「子どもが問いを見いだしたり、新たな問いをもったりすること」を重視すべきだと考えています。教師から与えられた問題と、子ども自身がもった問いとでは、学びへのモチベーションの違いは明らかでしょう。

　以上のことを踏まえて、算数科における「探究的な学習」を**「子どもが『数学的な見方・考え方』を働かせながら、習得した知識及び技能を活用すること等を通して、新たな問いをもつ学習」**と捉えることにします。

　答えが出た後に「先生、次は何をすればいいんですか？」と問う子どもではなく、「この問題ができたのであれば、次はこんなことができるかな？」と、自ら学習を進めていく子どもの姿を期待するということです。

　また、「子どもが『数学的な見方・考え方』を働かせながら、習得した知識及び技能を活用すること等」の「等」という言葉を加えたのは、子どもが「もっとやってみたい！」と思ったことがあれば、単元の学習から少し脱線した内容であったとしても、没頭させることも必要だと考え

たからです。実践については後の章でご紹介しますが，算数科の「探究的な学習」は少し柔軟に捉え，あくまで「生涯にわたって能動的に学び続ける力」を目指すことを優先にしたいと考えています。

　しかし，単元の学習から少し脱線した内容を探究するとしても，それは，日々の学習において，数学的な見方・考え方を働かせてきた経験や，知識及び技能の積み重ねによるものだということを忘れてはいけません。

　宮島（2024）は，ある小学校で5年生の子どもがプログラミングで作品をつくっている際に，うまくつくることができずに頭を抱えてしまったが，次の瞬間には作品づくりに戻っていく姿を例に「『つくりたい』という思いによって，分からなさやできなさを超えていったのです。これこそ『創ることの歓び』の本質です。分からない，けれど面白いということです」と述べています。

　この姿は，算数科における「探究的な学習」でも大切です。自分で発展させた問題，自ら抱いた問いに対して，うまく答えを求めることができないけれど，「もしかしたら，こうするとできるかもしれない」と試行錯誤することを楽しむ姿ということです。自分で発展させた問題，自ら抱いた問いは，生成AIならすぐに解決するかもしれません。でも，**答えを出すことではなく，試行錯誤する楽しさを味わうことが，算数科における「探究的な学習」**なのです。宮島の言葉を借りるなら「分からない，けれど面白い」という「創ることの歓び」を感じることが大切なのです。

第2章　算数科における「探究的な学習」の捉え　033

生成AIも使いながら，自分で探究したいことに没頭して「創ることの歓び」をたくさん味わえるように，日々の算数科の学習を「探究的な学び」にしていきましょう。

3 算数科の「探究的な学習」における数学的な見方・考え方の重要性

　図1のノートは，6年生の対称な図形の学習の第3時において，子どもが書いたノートです。

　第1時では対称な図形の意味，第2時では対称な図形の性質を一斉授業で学習し，第3時において，線対称な図形の作図を個別学習で行った際のノートです。

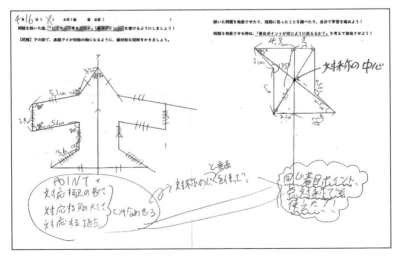

図1　6年生の対称な図形の学習の第3時に子どもが書いたノート

ノートの左側の問題は、教師から提示した問題です。そして、ノートの右側は、子どもが自分でつくった問題です。このノートを書いた子どもは、左側で線対称な図形の作図をしたので、右側では点対称な図形の作図をしてみようと問題を発展させたのです。
　ここで注目するべきは、左側ページの丸囲みの部分（図2）です。

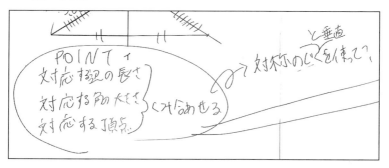

**図2　線対称な図形を作図した際に働かせた
数学的な見方を書いた子どものノート**

　「『対応する辺の長さ』『対応する角の大きさ』『対応する頂点』をくみ合わせる」と「対称のじくと垂直を使って」と書いてあるのがわかるでしょうか。これは、線対称な図形の作図の際に働かせた数学的な見方です。
　そこから矢印をかいた先に「同じ着目ポイント、点対称でも使えた‼」と書かれています（次ページ図3）。

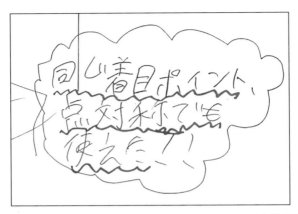

図3 線対称な図形と点対称な図形の作図において，同じ数学的な見方を働かせられたことを書いた子どものノート

　これは，線対称な図形の作図で働かせた数学的な見方（私が担任するクラスでは，数学的な見方を「着目ポイント」と呼んでいます）が，点対称な図形の作図でも同じように働かせることができたことが書いてあるのです。

　このように，「線対称な図形の作図で働かせた『数学的な見方』は，点対称な図形の作図でも同じように働かせることができるかな？」と考えることで，解決した問題を自ら発展させ，点対称な図形の作図を学習し始めたのです。まさに「探究的な学習」が行われている姿です。**数学的な見方・考え方を働かせることによって，日々の学習を「探究的な学習」に変えていくことができる**のです。

　算数科における「探究的な学習」を行うためには，数学的な見方・考え方を働かせることが不可欠です。学習した

ことの共通点を見つけて統合的に考察したり，解決した問題を発展的に考察したりすることで，学習のつながりを意識できるだけでなく，新たな問いをもつことができるからです。算数科における「探究的な学習」の原動力は数学的な見方・考え方を働かせることなのです。ですから，日常的に数学的な見方・考え方を働かせる経験を積み重ねていくことが重要なのです。

4 算数科における「探究的な学習」の位置づけ

　算数科における「探究的な学習」の位置づけを考える際，避けて通れないのが数学的活動です。

　算数科の目標の最初に「数学的な見方・考え方を働かせ，数学的活動を通して，数学的に考える資質・能力を次のとおり育成することを目指す」（文部科学省，2017）と書かれている通り，**算数科の目標を達成するためには，数学的な見方・考え方を働かせ，数学的活動を行うことが必要**です。

　数学的な見方・考え方を働かせることと，数学的活動は切り分けられるものではなく，数学的な見方・考え方を働かせることによって，数学的活動が行われるようになっていくと捉えた方がよいでしょう。

　数学的活動とは，次ページ図4（文部科学省，2016）のような学習活動です。

第2章　算数科における「探究的な学習」の捉え　037

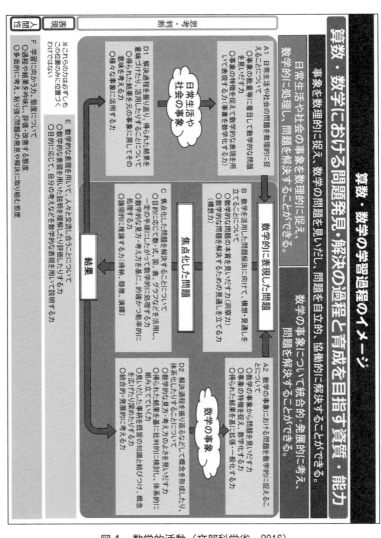

図4　数学的活動（文部科学省，2016）

算数科における「探究的な学習」は，解決した問題と過去に学習したことを統合的に考察して「〇〇ということが同じだった」と考え，「だったら，△△もできるかもしれない！」と発展的に考察することで新たな問題を発見し，進めていく学習です。この学習が続いていくことにより，数学的な見方・考え方をさらに豊かで確かなものにしていくのです。

　算数科における「探究的な学習」を行っている子どもの姿とは，子どもが自ら数学的活動を行っている姿だと言えるでしょう。問題を解決して終わりにせず，解決した際に新たな問題や疑問をもって，自ら学習を進めていく姿です。**この姿を，特別な時間で体験させるのではなく，日々の算数科の学習で実現させていきたい**のです。

5 算数科における「探究的な学習」は日々の積み重ねの先に

　数学的活動は日々の学習において行われるものです。ですから，算数科における「探究的な学習」は日々行われるべきものです。毎時間の算数科の学習でできなくても，算数科の学習そのものが，「探究的な学習」の捉え方に基づいて行われる必要があるのです。

　「探究的な学習」というと，何時間か特別に設けて行ったり，単元末にまとめて行ったりすることをイメージする方が多いのではないでしょうか。もちろん，そういった時

第2章　算数科における「探究的な学習」の捉え　039

間を設けて，どっぷりと子どもが興味・関心をもったことに取り組ませる時間は必要です。しかし，そういったことをいきなりやろうとしても，子どもは「何をすればいいの？」となってしまいます。そういった「探究的な学習」をするためには，**普段から「前の学習との共通点を探そう」と統合的に考察したり，「だったら，どんなことができそうかな？」と発展的に考察したりする経験を積み重ねていくことが重要**です。

　日々の小さな「探究的な学習」の積み重ねによって，特別な時間を設けたり，単元末に行ったりする「探究的な学習」が可能となるのです。毎日の算数科の学習の中で，数学的な見方・考え方を働かせ，数学的活動を行うことを意識した学習を続け，算数科における「学び方」を身に付けていくことが，算数科における「探究的な学習」を可能にしていくと考えています。

　やや矛盾した言い方になるかもしれませんが，**「『探究的な学習』を通して，『探究的な学習』の『学び方』を学ぶ」**ということなのです。普段，知識及び技能を伝達し，習熟ばかりの授業をしているだけでは，「探究的な学習」を実現することは難しいでしょう。

【第2章　参考・引用文献】

・文部科学省（2017）『小学校学習指導要領（平成29年告示）解説　算数編』日本文教出版，p.7，21

・西村圭一・佐藤寿仁・成田慎之介（2024）「中学校・高等学校数学科における『授業研究コミュニティ』の形成・拡大に関する研究―アプローチとリサーチクエスチョン―」（日本数学教育学会第12回春期研究大会論文集，pp.37－40）

・宮島衣瑛（2024）小原豊・金児正史・北島茂樹編著『実践事例で学ぶ　生成AIと創る未来の教育』東洋館出版社，p.26

・文部科学省（2017）「小学校学習指導要領（平成29年告示）」p.47

・文部科学省（2016）「算数・数学ワーキンググループにおける審議の取りまとめ（資料4）」

第2章のポイント

❶算数科における「探究的な学習」の必要性

　「探究的な学習」において，知識及び技能は必要です。そして何より「何をしたいのか？」ということを考え，「自分」を確立することを常に意識しなければできません。その結果，「生涯にわたって能動的に学び続ける力」が養われます。だから，算数科においても「探究的な学習」が必要なのです。

❷算数科における「探究的な学習」の捉え

　算数科における「探究的な学習」を「子どもが『数学的な見方・考え方』を働かせながら，習得した知識及び技能を活用すること等を通して，新たな問いをもつ学習」と捉えることにします。

❸日々の学習で数学的な見方・考え方を働かせ，数学的活動を行うことを続けることの重要性

　毎日の算数科の学習の中で，数学的な見方・考え方を働かせ，数学的活動を行うことを意識した学習を続け，算数科における「学び方」を身に付けていくことが，算数科における「探究的な学習」を可能にしていくと考えています。

第3章
数学的な見方・考え方について

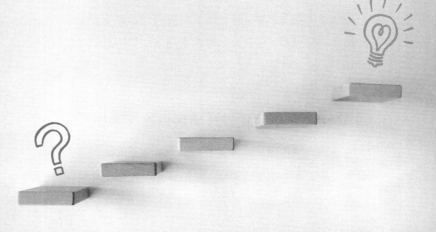

前章でも述べたように，算数科における「探究的な学習」において，数学的な見方・考え方を働かせることは不可欠です。なぜなら，数学的な見方・考え方を働かせることによって，統合的・発展的に考察することができるので，「前の学習と同じように考えることができたから，○○も同じようにできるかもしれない！」と自分で学習を進めることができるようになるからです。

　それだけ算数科における「探究的な学習」において重要な数学的な見方・考え方なのですが，「数学的な見方・考え方とは何か？」ということが，あまり語られることがないように感じています。確かに，ひと言で言い切ることは難しいですし，多様な捉え方があることも事実です。

　そこで本章では，私なりの数学的な見方・考え方の捉え方を述べます。本章で述べられたことを参考に，数学的な見方・考え方の捉えを再考していただければと願っています。

1 「探究的な学習」と「個別最適な学び」

　算数科の「探究的な学習」を通して「生涯にわたって能動的に学び続ける力」を養い，「一人一人の児童が，持続可能な社会の創り手」に育てることを目指すためには，全

員が同じ内容を学習したり，統一された力を身に付けたりすることを目指そうとすると，苦しくなるでしょう。だからこそ，全員が身に付けるべき学習内容を決めたうえで，一人一人の子どもに応じた学習，一人一人に応じた力の伸ばし方が必要になるのです。そうなると，**算数科における「探究的な学習」を考えるうえでは，「個別最適な学び」という概念が必要になります。**

「個別最適な学び」の概念が必要になるとなれば，「『個別最適な学び』とは何か？」ということを把握しなければなりません。これを感覚的に捉えてしまうと，「『個別最適な学び』＝個別学習，単元内自由進度学習」といった，学習形態の話だけになってしまいます。

まず，文部科学省（2021）「『令和の日本型学校教育』の構築を目指して〜全ての子供たちの可能性を引き出す，個別最適な学びと，協働的な学びの実現〜（答申）」で示された，「個別最適な学び」の目的に関する文章を読んでみましょう。

「個別最適な学び」と「協働的な学び」を一体的に充実し，<u>「主体的・対話的で深い学び」の実現に向けた授業改善につなげていくことが必要</u>である。（下線は筆者加筆）

ここからもわかる通り，「個別最適な学び」は「主体的・対話的で深い学び」の実現に向けた授業改善につなげていくための手段なのです。

第3章　数学的な見方・考え方について　045

では，「主体的・対話的で深い学び」の目的は何だったでしょうか。以下は，『小学校学習指導要領（平成29年告示）解説　総則編』（文部科学省，2017a）に書かれている，「主体的・対話的で深い学び」の目的に関する内容です。

　主体的・対話的で深い学びの実現に向けた授業改善の具体的な内容については，中央教育審議会答申において，以下の三つの視点に立った授業改善を行うことが示されている。教科等の特質を踏まえ，具体的な学習内容や児童の状況等に応じて，これらの視点の具体的な内容を手掛かりに，質の高い学びを実現し，学習内容を深く理解し，資質・能力を身に付け，生涯にわたって能動的（アクティブ）に学び続けるようにすることが求められている。（下線は筆者加筆）

　「個別最適な学び」は「主体的・対話的で深い学び」の実現に向けた授業改善につなげていくための手段でした。そして，「主体的・対話的で深い学び」の目的は，「資質・能力を身に付け，生涯にわたって能動的（アクティブ）に学び続けるようにすること」だったのです。

　ということは，**「個別最適な学び」の目的は「資質・能力を身に付け，生涯にわたって能動的（アクティブ）に学び続けるようにすること」**なのです（「生涯にわたって能動的に学び続ける力」は，ここから引用したものです）。

　資質・能力は，各教科等によって述べられていますから，

各教科等の特質に応じて身に付けるべき資質・能力は異なると考えるべきでしょう。算数科で育てるべき資質・能力は、『小学校学習指導要領（平成29年告示）解説　算数編』（文部科学省，2017b）に以下のように述べられています。

　数学的な見方・考え方を働かせ、数学的活動を通して、数学的に考える資質・能力を次のとおり育成することを目指す。
　（1）数量や図形などについての基礎的・基本的な概念や性質などを理解するとともに、日常の事象を数理的に処理する技能を身に付けるようにする。
　（2）日常の事象を数理的に捉え見通しをもち筋道を立てて考察する力、基礎的・基本的な数量や図形の性質などを見いだし統合的・発展的に考察する力、数学的な表現を用いて事象を簡潔・明瞭・的確に表したり目的に応じて柔軟に表したりする力を養う。
　（3）数学的活動の楽しさや数学のよさに気付き、学習を振り返ってよりよく問題解決しようとする態度、算数で学んだことを生活や学習に活用しようとする態度を養う。

　「個別最適な学び」の目的は、「資質・能力を身に付け、生涯にわたって能動的（アクティブ）に学び続けるようにすること」と示されています。
　「個別最適な学び」は、そもそも「主体的・対話的で深い学び」にするための手段なのです。ですから、学習形態

第3章　数学的な見方・考え方について　047

がどうであれ，「『主体的・対話的で深い学び』になっているのか？」ということが議論されることが重要です。そのうえで，「各教科等の特質に応じた資質・能力を身に付け，生涯にわたって能動的に学び続ける力」を養うことが目的になるのです。

2 「個別最適な学び」における 教科教育の重要性

(1)「深い学び」に目を向ける

「個別最適な学び」を「主体的・対話的で深い学び」にするために重要になるのが，教科教育だと考えています。

『小学校学習指導要領（平成29年告示）解説　総則編』（文部科学省，2017a）には，「主体的・対話的で深い学び」の授業改善につなげるための3つの視点について述べられています。①が主体的，②が対話的，③が深い学びについての内容です。

① 学ぶことに興味や関心を持ち，自己のキャリア形成の方向性と関連付けながら，見通しをもって粘り強く取り組み，自己の学習活動を振り返って次につなげる「主体的な学び」が実現できているかという視点。

② 子供同士の協働，教職員や地域の人との対話，先哲の考え方を手掛かりに考えること等を通じ，自己の考えを広げ深める「対話的な学び」が実現できているかという

視点。

③　習得・活用・探究という学びの過程の中で，各教科等の特質に応じた「見方・考え方」を働かせながら，知識を相互に関連付けてより深く理解したり，情報を精査して考えを形成したり，問題を見いだして解決策を考えたり，思いや考えを基に創造したりすることに向かう「深い学び」が実現できているかという視点。

　①と②には，「教科」という文言がありません。これは，「主体的・対話的」ということについては，どの教科においても重視すべきということです。

　しかし，③にだけは「教科」という文言があります。具体的には，「各教科等の特質に応じた『見方・考え方』を働かせ」という箇所です。

　「個別最適な学び」というのは，「主体的・対話的で深い学び」につながる授業改善のための手段です。「深い学び」も達成されなければ，「個別最適な学び」にはならないということです。

　「個別最適な学び」というと，個別学習や単元内自由進度学習といった学習形態の話や，ICT の利活用の話だけになってしまいがちです（もちろんそれらは超重要です）が，それらと同様に重要なことは，**各教科等の特質に応じた見方・考え方を働かせる「深い学び」が達成されているかどうか**という視点です。

第3章　数学的な見方・考え方について　049

(2)各教科等の特質に応じた見方・考え方は,
「深い学び」を見取るための視点でもある

　各教科等の特質に応じた見方・考え方を働かせることは,各教科等の目的を達成するためにも必要です。算数科の目標の最初にも「数学的な見方・考え方を働かせ,数学的活動を通して,数学的に考える資質・能力を次のとおり育成することを目指す」と書かれている通り,各教科等の特質に応じた見方・考え方を働かせることが,各教科等の特質に応じた資質・能力を身に付け,生涯にわたって能動的に学び続ける力を養うことにつながるのです。

　よって,個別学習や単元内自由進度学習という学習形態を取ったとしても,「各教科等の特質に応じた見方・考え方が働かせられているのか？」という視点が重要であると同時に,教師は「できたかできないか」だけではなく,「見方・考え方を働かせられているのか？」ということを見取らなければならないのです。

　「小学校学習指導要領（平成29年告示）」の「第1章　総則／第3　教育課程の実施と学習評価／1　主体的・対話的で深い学びの実現に向けた授業改善」の中にも「特に,各教科等において身に付けた知識及び技能を活用したり,思考力,判断力,表現力等や学びに向かう力,人間性等を発揮させたりして,学習の対象となる物事を捉え思考することにより,各教科等の特質に応じた物事を捉える視点や考え方（以下「見方・考え方」という。）が鍛えられていくことに留意し,児童が各教科等の特質に応じた見方・考

050

え方を働かせながら，知識を相互に関連付けてより深く理解したり，情報を精査して考えを形成したり，問題を見いだして解決策を考えたり，思いや考えを基に創造したりすることに向かう過程を重視した学習の充実を図ること」（文部科学省，2017c）と述べられている通り，個別学習や単元内自由進度学習という学習形態を取ったとしても，「この子は，○○の教科の特質に応じた見方・考え方を働かせられているのかな？」という視点で子どもを見取っていくことが重要なのです。

　算数科における「個別最適な学び」となると，個別学習や単元内自由進度学習という学習形態を取ることが増えると考えられます。しかし，**決して「プリントを○枚できたからよい」「自分で学習計画を立てられたからよい」「自分で興味・関心をもっているからよい」という視点だけで見取ってはいけない**ということです。

(3)算数科における「個別最適な学び」
「主体的・対話的で深い学び」が行われている姿とは

　各教科等の特質に応じた見方・考え方というのは，算数科で言えば，数学的な見方・考え方ということになります。前章でも述べた通り，数学的な見方・考え方を働かせている姿とは，数学的活動（第2章の図4参照）を自ら行っている姿と言えるでしょう。これが，算数科における「探究的な学習」をしている姿でもあることは先述の通りです。

　算数科における「個別最適な学び」であり，「主体的・

第3章　数学的な見方・考え方について　051

対話的で深い学び」が行われている姿とは，一人一人の子どもが数学的活動をするということでもあります。ですから，「『**個別最適な学び**』**＝自分で学習計画を立てる」だけでなく，「数学的な見方・考え方を働かせて，数学的活動を行う」ことが大切**なのです。

3 数学的な見方・考え方とは何か

(1)数学的な見方・考え方の捉え方

　では，数学的な見方・考え方とは何でしょうか。よく「こういう学習活動をすると，数学的な見方・考え方を働かせることができる」とか，「今日の学習は数学的な見方・考え方が働かせられていた」といったことが話されますが，あまり数学的な見方・考え方について具体的に語られることがないので，少し具体的に述べたいと思います。

　以下の数学的な見方・考え方は，『小学校学習指導要領（平成29年告示）解説　算数編』（文部科学省，2017b）で述べられている内容です。

〇数学的な見方

　事象を数量や図形及びそれらの関係についての概念等に着目してその特徴や本質を捉えること。

〇数学的な考え方

　目的に応じて数，式，図，表，グラフ等を活用しつつ，

根拠を基に筋道を立てて考え，問題解決の過程を振り返るなどして既習の知識及び技能等を関連付けながら，統合的・発展的に考えること。

　これだけだと，ちょっとわかりづらいと思いますので，具体的な問題を通して説明します。まず，以下の問題を解いてみてください。

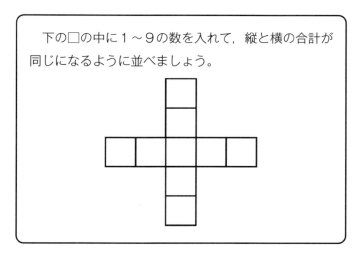

下の□の中に1～9の数を入れて，縦と横の合計が同じになるように並べましょう。

　解けたでしょうか。この問題は，十字の真ん中の数がポイントになります。並べ方は様々あるとしても，真ん中の数が何になるかで解き方が決まってきます。
　次に解答例を並べますが，何か気付くことはないでしょうか。

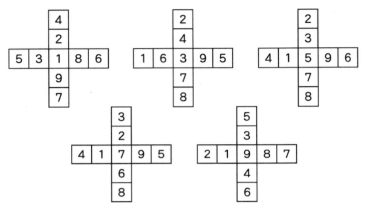

　この問題は，真ん中の数が奇数のときに並べることができます。

　では，なぜ真ん中の数が奇数だと並べることができるのでしょうか。1～9の合計は45です。「縦と横の合計が同じになる」ということは，(45＋真ん中の数)÷2ができるときに並べることができるということです。÷2ができるということは，(45＋真ん中の数)が偶数のときです。45は奇数だから，真ん中の数が奇数だと，(45＋真ん中の数)は偶数になります。だから，真ん中の数が奇数だと並べることができるのです。

　問題が解けたら終わりにせず，「真ん中が奇数のときに並べることができるのであれば，偶数のときに並べることができるようにするには，どうすればいいのかな？」と新たな問題を考えることを期待したいものです。

　この問題で働かせている数学的な見方は，「奇数・偶数」です。奇数に着眼して解法を振り返り，様々な解法を統合

的に考察することで，「真ん中が奇数なら並べられる」という共通点に気付くことができます。そして，「なぜ奇数なら並べられるのか？」と筋道立てて考えるきっかけにもなっています。さらに，「奇数で並べられたのであれば，偶数で並べられるのはどういうときかな？」と発展的に考察することにもつなげることができるのです。

「奇数・偶数」という数学的な見方を働かせることによって，筋道立てて考えたり，統合的・発展的に考察したりする数学的な考え方が働くということです。

もう１つ例を示します。次の問題は，５年生の割合の学習でよく出題される問題です。

バスケットボールのフリースローの記録です。
どちらがうまいと言えますか。

	入った本数	打った本数
Aさん	4	5
Bさん	6	10

このときも，「どちらがうまいと言えるのか」という答えを出して終わりにせず，いろいろな解法があったら統合的に考察して，「二量（数量）の関係を使うと比べられる」という共通点を見つけるのです。これが，割合の学習で働かせている数学的な見方の１つです（もちろん，割合の学習には他にも，「二量の比例関係」や「均質化」といった様々な数学的な見方がありますが，ここでは割愛します）。

「二量（数量）の関係を使うと比べられる」という数学的な見方を働かせられれば，「だったら，他にも二量（数量）の関係を使うと比べられるものはないかな？」と発展的に考察することができるのです。自分で発展的に考察することができなかった子どもでも，友だちや先生から「『どちらが安くなっているのか？』という値引きの問題はどうかな？」「果汁も二量（数量）の関係を使って比べられるかな？」という発展的に考えた問題を提示された際，「二量（数量）の関係を使うと比べられる」という数学的な見方を意識していれば，「同じように考えられる！」と，バスケットボールのシュートのうまさとの共通点を統合的に考察しやすくなるのではないでしょうか。

　以上のことを踏まえ，私なりの数学的な見方・考え方の捉え方を以下に示します。

●数学的な見方
　問題を解いたり，まとめたり（統合），高めたり（発展），学習の目的を自覚したりするための着眼点

●数学的な考え方
　根拠を基に筋道立てて考えたり，まとめたり（統合），高めたり（発展）するといった思考方法

056

(2)数学的な見方と数学的な考え方の違い

「数学的な見方・考え方を働かせる」というとき，数学的な見方と数学的な考え方を区別せずに語られることが多いのですが，それぞれ別々に捉えた方がわかりやすいと考えています。

数学的な見方というのは，**学習内容に貼り付いているもの**です。先述の２つの例でも，働かせている数学的な見方が「奇数・偶数」と「二量（数量）の関係で比べる」で違うのがわかると思います。

反対に，数学的な考え方というのは，**汎用性が高い思考方法**です。「なぜそうなるのか？」ということを，根拠を基に筋道立てて考えたり，まとめたり（統合），高めたり（発展）したりするのは，算数科では学習内容を問わず，どの学習でも行う思考方法です。

「数学的な見方・考え方を働かせる」という話をするときは，汎用性が高いため，数学的な考え方について語られることが多いです。数学的な考え方は，算数科に限らず，他教科においても働かせやすい思考方法ですし，日常生活にも役立つ思考方法です。具体的な様々な場面から抽象し，物事の共通する重要なことを考える場合，まさに数学的な考え方を働かせていると言えるでしょう。

しかし，**数学的な見方が働かなければ，数学的な考え方を働かせることは困難**です。「奇数・偶数」「二量（数量）の関係で比べる」という着眼点を意識できなければ，「なぜ？」と思うこともなければ，統合的に考察して共通点を

第3章　数学的な見方・考え方について　057

見つけたり，解決した問題を基に発展的に考察したりすることもできないでしょう。数学的な見方と数学的な考え方の関係は，図1のように捉えるとよいと考えています。

●数学的な見方
→「問題を解いたり、まとめたり（統合）、高めたり（発展）、学習の目的を自覚したりするための着眼点」

見方が働かないと
考え方も働かない

●数学的な考え方
→「根拠を基に筋道立てて考えたり、まとめたり（統合）、高めたり（発展）するといった思考方法」

図1　数学的な見方と数学的な考え方の関係の捉え方

　まずは各学習内容で働かせる数学的な見方が何かを明らかにすることが，教師の第一の仕事になります。そのためには，**数学的な見方の系統性を意識した教材研究**をしなければなりません。

　汎用性の高いものの方が価値があると思い，つい数学的な考え方にばかり目が向いてしまいますが，「主体的・対話的で深い学び」を実現するには，学習内容に貼り付いた数学的な見方を明らかにすることが重要です。単元を通して働かせる数学的な見方を明らかにできれば，個別学習や単元内自由進度学習で子どもが「探究的な学習」をしていても，一人一人の子どもが数学的な見方・考え方を働かせられているのかを見取りやすくなります。

(3)算数科の本質は数学的な見方・考え方を働かせること

　「教科の本質」という言葉があります。かなり漠然とした言葉なので，「教科の本質的な学びをすることが大切」と言われても，いったいどんな学びをすればよいかわからないという経験をしたことがないでしょうか。

　文部科学省（2017a）には，各教科等の特質に応じた見方・考え方は「各教科等を学ぶ本質的な意義の中核をなすものであり，教科等の学習と社会をつなぐもの」と述べられています。「教科の本質とはこれである」ということを言い切ることは難しいですが，「各教科等の特質に応じた見方・考え方を働かせること」というのは，教科の本質の捉え方の1つとして，十分に納得できるものだと考えます。算数科においては，数学的な見方・考え方を働かせて学習することが，算数科の本質の1つだと捉えることができます。よって，本書では，算数科の本質を「子どもが数学的な見方・考え方を働かせること」と捉えます。

【第3章　参考・引用文献】
・文部科学省（2021）「『令和の日本型学校教育』の構築を目指して〜全ての子供たちの可能性を引き出す，個別最適な学びと，協働的な学びの実現〜（答申）」p.19
・文部科学省（2017a）『小学校学習指導要領（平成29年告示）解説　総則編』東洋館出版社，p.4，77
・文部科学省（2017b）『小学校学習指導要領（平成29年告示）解説　算数編』日本文教出版，pp.21−23
・文部科学省（2017c）「小学校学習指導要領（平成29年告示）」p.22

第3章のポイント

❶数学的な見方と数学的な考え方の違い

数学的な見方というのは，学習内容に貼り付いているものです。一方，数学的な考え方というのは，汎用性が高い思考方法です。

❷数学的な見方・考え方の捉え方と関係

数学的な見方・考え方の捉え方と関係は以下の図のようなものです。

- ●数学的な**見方**
  → 「問題を解いたり、まとめたり（統合）、高めたり（発展）、学習の目的を自覚したりするための着眼点」

見方が働かないと
考え方も働かない

- ●数学的な**考え方**
  → 「根拠を基に筋道立てて考えたり、まとめたり（統合）、高めたり（発展）するといった思考方法」

❸数学的な見方・考え方を育むための学習活動

算数科の本質は「数学的な見方・考え方を働かせること」です。算数科の学習において，根拠を基に筋道立てて考えたり，統合的・発展的に考察したりすることで，次なる学びや問いを自ら発見できる力を養います。

教師は，「数学的な見方・考え方を働かせられているか？」という視点で子どもを見取る必要があります。

第4章
算数科における「探究的な学習」を実現するための一斉授業のつくり方

算数科における「探究的な学習」をするためには，子どもに学びを委ねる必要があります。しかし，いきなり「自分で問題をつくりなさい」「自分で問いをもちなさい」と言われても，子どもは何をすればよいのかわかりません。なぜなら，自分で問題をつくったり，問いをもったりしながら学習を進めた経験がないからです。算数科の特質に応じた「学び方」を身に付けていないから，自分で問題をつくったり，問いをもったりすることができないのです。その状態で「探究的な学習」を始めたら，きっとドリル学習・プリント学習になってしまいます。

　算数科における「探究的な学習」をするためには，子ども自身で学習をするときにも，算数科の特質に応じた「学び方」ができるようにしておく必要があります。そのためには，一斉授業において，算数科の特質に応じた「学び方」を何度も経験し，身に付けることが必要なのです。

1 今まで自分が行ってきた一斉授業への反省

　私は，算数科の授業をずっと一斉授業という学習形態だけで進めてきました。もちろん，グループ学習を取り入れたり，ペア学習を取り入れたりはしてきましたが，基本的には一斉授業の中で行ってきました。

一斉授業というのは，全員で様々なことを共有するには
とても効果的な学習形態です。しかし，進度がそろってい
るため，理解していようがいまいが，全員が同じ進度で学
習を進めなくてはならないという短所があります。伏木
（2023）は「そもそも『平均的な子ども』は存在しないの
であり，一斉指導ではそもそも"個に応じた指導"には限
界がある。子どもたちは『皆で一緒に』取り組むことが要
求される教室で，ひたすら『教師の授業』につきあうこと
になっていると冷静に捉える見方も必要である」と述べ，
一斉授業の限界について指摘しています。実に耳が痛い指
摘です。

　私はその短所を，一斉授業という学習形態の中で改善す
ることができませんでした。すると，どういうことが起き
るかというと，まず算数が苦手な子どもがさらにわからな
くなります。そして，算数が得意な子どもが飽きる，もし
くは表面的に付き合ってくれるようになります。どちらも
よくありません。しかし，**一斉授業しか学習形態の手段を
もっていなかった私には，そのすべてに蓋をするしかなか
った**のです。

(1)問題提示～課題把握場面

　懺悔の意味を込めて，自分が今までやってきた，一斉授
業の様子を振り返ります。

　まずは，問題提示～課題把握場面です。次の図１～４は，
非常に粗いですが，子どもを「算数得意」「算数普通」「算

数苦手」の3つの層に分けた場合の理解度を表したものです。右に進むほど理解度が増していくことを表しています。この図は，あくまで私が自分で一斉授業をしているときに感じた子どもの理解度を表しているので，量的・質的な根拠があるわけではありません。そして，特定のクラスや子どもを表したものでもありません。しかし，この感覚は，多くの先生方が同様に感じてくれるのではないかと考えています。

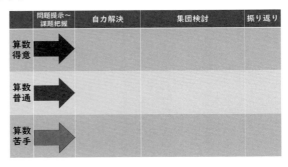

図1　一斉授業の問題提示〜課題把握場面の子どもの理解度

　問題提示〜課題把握までは，多くの子どもが付いてきている感覚がありました。しかし，**「算数苦手」の子どもは，「問題はわかるけれど，何のためにやるの？」と，学習する目的までは理解できていなかったかもしれません。**

(2)自力解決場面
　自力解決場面では，「算数得意」の子どもは早く問題解決が終わっていました。しかし，集団検討までは先に進め

ないので，まわりの解決し終わった子どもと一緒に解き方を共有している姿が見られました。しかし，数学的な見方・考え方を働かせていたかどうかは疑問です。

他の子どもと解き方の共有をしていればよいのですが，何もせずに待っているだけになっている子どもや，まわりの子どもとおしゃべりを始める子どももいました。そういった子どもには「まわりの人と一緒に，他の解き方も考えてみるといいよ」といった声かけをしていましたが，**先に進みたい子どもにとっては，あまり意味がない声かけだったかもしれません。**

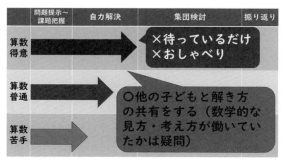

図2　一斉授業の自力解決場面の子どもの理解度

(3)集団検討場面

だいたい，「算数普通」の子どもが自力解決が終わると，「そろそろみんな終わったみたいだから，みんなで考えてみようか」と声をかけて，集団検討を始めていました。しかし，「算数苦手」の子どもは問題を解き終わっていなかったのです。もちろん，私も「算数苦手」の子どもたちと

一緒に問題の解決方法を考えていましたが，とても手が回らず，他の子どもたちが解き終えていることをそのままにすることもできず，自力解決を終わらせていました。

集団検討が始まると，解決できた子どもの解法を説明してもらい，「言っていることわかるかな？」「もう一度言えるかな？」というようなことを言って，いつくかの解法を広げるようなことをしていました。

もしくは，「算数普通」の子どもで，「○○がよくわからない」と言える子どもの声を拾って，「○○さんが言っている疑問について，みんなわかるかな？」というように，ある1人の子どもの疑問を全体で考えるような授業をしていました。だれかの疑問をみんなで考えるのはよいことなのですが，その疑問ではない疑問をもっていた子どもは，「そんなことわからないよ」「もっと他のことがわからないんだよ」と思っていたかもしれません。**そもそも「まだわからないこともわからないよ」という子どももいたかもしれません。**

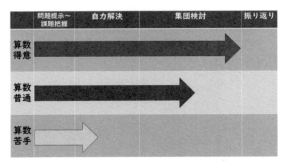

図3　一斉授業の集団検討場面の子どもの理解度

(4)振り返り場面

振り返り場面では,いくつかの解法から,共通して働かせた数学的な見方を顕在化させて,統合的に考察し,共通点を考えるようにしました。しかし,**統合的に考察することができるのは,問題を解決することができた子どもたちばかり**でした。みんなでやっているので,自分で問題が解けなかったとしても,統合的に考察することができる子どももいます。しかし,一定数の子どもは,黒板に書かれていることを写しているだけでした。心配になって,授業後に「今日の授業で大切な着目ポイント(数学的な見方)は何だった?」と聞けば,言葉としては答えられても,「今日の問題のどこで使ったかわかるかな?」と問えば,黙ってしまう子どもが何人もいました。

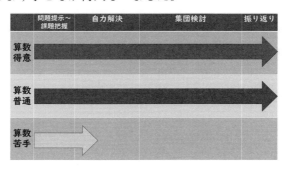

図4 一斉授業の振り返り場面の子どもの理解度

(5)反省の総括

以上のことを踏まえると,私が行ってきた一斉授業では,子どもたちに次のような影響を与えた恐れがあります。

● 「算数得意」の子ども

　「もっとやりたい」という意欲を削いでしまっていた恐れがあります。また，先行知識をもっている子どもには「知っていることを言ってはダメ」という不自然な学習態度も身に付けさせてしまっていたかもしれません。

● 「算数普通」の子ども

　「算数得意」の子どもと同様ですが，一応の達成感はあったかもしれません。しかし，「問題は与えられるもの」という意識を与えてしまったかもしれません。

● 「算数苦手」の子ども

　「だれかが説明してくれるから，自分は待っていればいい」という受動的な学習態度を身に付けさせてしまったかもしれません。

　どの層の子どもにも，数学的な見方・考え方を働かせて，次の学習を自ら創り出す力を身に付けさせるような学習はできなかったと感じています。そして，「問題は与えられるもの」という受動的な学習態度を植え付けてしまった恐れさえあります。

　皆さんの一斉授業はいかがでしょうか。

2 今まで行ってきた一斉授業のよさ

　私が行ってきた一斉授業には，多くの反省点が残ります。しかし，一斉授業のすべてがよくないわけではありません。算数科としての「学び方」の１つの型ではありますし，算数科としての「学び方」を一斉授業で伝えなければ，子どもが自分で学ぼうとしたときに，与えられた問題を解くだけになってしまいます。

　自力解決が終わった後に，他の子どもの疑問について考えるといったことも，とても重要な「学び方」の１つです。自分さえできればよいのではなく，まわりにわからない子どもがいれば一緒に考えるという習慣が学級全体になければ，どんなに「探究的な学習」をしたとしても，孤立学習になってしまいます。**だれでも安心して学習をすることができる環境を，一斉授業を通して築いていくことは，とても重要なこと**です。大人だって，仕事を進めるときに，まわりにいろいろなことを聞ける人がいるから，安心して自分で仕事を進めることができるのではないでしょうか。

　また，いろいろな人の疑問を考えることは，「わかっていると思っていたけれど，実はわかっていなかった」ということに気付くことにもつながります。他者の疑問について考えることが本質的な理解のよいきっかけになることを知るのは大切です。これは，自分１人では絶対にできない経験です。

　また，様々な解決方法を振り返り，統合的に考察するこ

とも，算数科の大切な「学び方」です。そして，統合的に考察するためには，多様な解法や数学的な見方が必要であり，そのためには多くの人と一緒に学習することが必要であることを自覚させることも，一斉授業の大切な役割です。この視点がなければ，「探究的な学習」において，自分が探究していることに対して批判的な視点を失ってしまいます。

　このように，一斉授業にはたくさんの利点があります。私がやってきた一斉授業においても，短所だけでなく，長所もあったと考えています。

3 個別学習や単元内自由進度学習を取り入れる意味

　しかし，それでも私は一斉授業だけでは多くの子どもが数学的な見方・考え方を働かせて学習することは難しいと感じています。

　そこで，「全員は難しいけれど，1人でも多くの子どもに，数学的な見方・考え方を働かせる学習をして，『自分で学習を進めることができるんだ！』と少しでも感じてもらえる学習にしたい」と思い，個別学習を取り入れるようになりました。

　学習形態というのは，各教科等の特質に応じた見方・考え方を働かせて，「主体的・対話的で深い学び」を実現するための手段です。しかし，1人でも多くの子どもが数学

的な見方・考え方を働かせるためには，個別学習や単元内自由進度学習といった学習形態は，かなり有効な学習環境になると考えられます。

4 「学び方」を学ぶための一斉授業の重要性

　一斉授業には，様々な長所があります。「子どもに学びを委ねる」という言葉に引っ張られ過ぎて，「個別学習や単元内自由進度学習が絶対」とはならないようにしたいものです。**各学習形態の長所と短所を考慮して，教師が学習形態を選択することが重要**です。

　一斉授業には，「全員が同じことを共有できる」という長所があります。ということは，「こういうふうに学ぶといいよ」という「学び方」を全員で共有する場として適していると言えます。最初から「自分で学習を進めましょう」と指示するだけでは，多くの子どもは「問題を解いて終わり」になってしまいます。しかし，それでは各教科等の特質に応じた見方・考え方を働かせることはできないでしょう。

　齊藤（2024）は，日ごろの算数科の指導の重要性について，次のように述べています。

　数学的推論，類推であったり，帰納したり，数学らしく考え・追求できているかどうかまで，教師側が日ごろの指

導で丁寧に行い，その成長を見取る目を教師側が持っているということが大事なことではないかと思います。

　算数科においては，数学的な見方・考え方を働かせて，「この学習では，こういうところに着眼するといいんだな（数学的な見方の自覚）」「問題が解けたら，『どうしてそうなるのか？』を考えたり，いろいろな解き方から共通点を見つけたり，見つけた共通点を使って，問題を発展させたりするといいんだな（数学的な考え方の自覚）」といった数学的活動を一斉授業で何度も行うのです。そうしないと，「探究的な学習」が単なるドリル学習・プリント学習に陥ってしまい，**最悪の場合「知識の詰め込み」の学習になってしまう恐れさえある**のです。

　そのためには，算数科の特質に応じた「学び方」を教師自身が自覚し，明示的に指導していかなければ，子どもは自ら学べるようにはならないのです。

5 「学び方」を学ぶための一斉授業の一例

　6年生の柱体の体積の導入2時間を一斉授業で行いました。次ページの図5は，その第1時の板書の一部です。

　四角柱の体積を求める公式である「底面積×高さ＝体積」を導いて終わりではなく，「高さと体積の比例関係」という数学的な見方に着目させました。その結果，高さと体積が比例関係になっていれば，四角柱以外にも「『底面

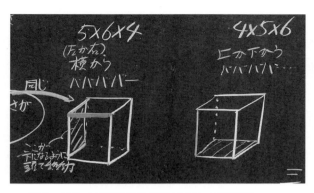

図5　柱体の体積の学習の第1時の一斉授業で，
　　　高さと体積の比例関係を考えた際の板書の一部

積×高さ＝体積』という公式が使えるのではないか？」と
発展的に考察することができました。

　第2時も一斉授業を行い，三角柱の体積も「底面積×高
さ＝体積」の公式で求められるのかを考えました。図6は，
第2時の板書の一部です。

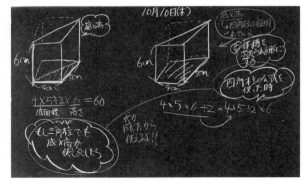

図6　柱体の体積の学習の第2時（一斉授業）の板書の一部

第4章　算数科における「探究的な学習」を実現するための一斉授業のつくり方　　073

第2時では,「底面積×高さ＝体積」の公式で求めた三角柱の体積と,前時で学習した四角柱の体積の求め方（四角柱を三角柱2つと考えて,四角柱の体積を求めた後に÷2する求め方）を使って求めた三角柱の体積が同じになることを確かめることで,三角柱でも「底面積×高さ＝体積」の公式が使えることを確かめました。

　最初,多くの子どもは三角柱の体積を「底面積×高さ＝体積」の公式に当てはめて求めて終わっていましたが,考えるべきは「三角柱でも『底面積×高さ＝体積』の公式が使えるのか？」です。「底面積×高さ＝体積」で三角柱の体積を求めるだけでは証明になっていません。

　前時に四角柱の体積の求め方は証明されている（5年生で学習した直方体の体積の求め方を根拠に答えを保証）ので,三角柱の体積を保証するためには,四角柱の体積の求め方を根拠にしなければなりません。しかし,こういった「学び方」は,子どもだけで気付くことは難しいものです。そこで,教師が出て,「算数というのは,今まで証明されてきたものを根拠に,新しいものを証明することが必要なんだよ」と,算数科という教科の特質に応じた「学び方」

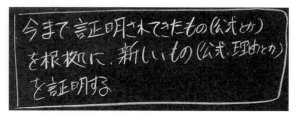

図7　算数科の特質に応じた「学び方」を明示的に指導した板書

を明示的に指導しました（前ページ図7参照）。これは，**数学的な考え方の1つである「根拠を基に筋道立てて考える」ということそのもの**です。

　この授業の振り返りには，図8のような，「学び方」のサイクルを自分なりにまとめた図がノートにかかれていた子どももいました。

図8　第2時の振り返りで子どもがかいた
　　「学び方」のサイクルの図

こういった算数科の特質に応じた「学び方」を一斉授業で何度も経験することが，算数科における「探究的な学習」において，数学的な見方・考え方を子どもが働かせられることにつながっていくのです。

　根拠を基に筋道立てて考えることだけではなく，**統合的・発展的に考察するような「学び方」も，一斉授業で何度も経験させていくことが重要**です。いくつかの解法や，過去の学習との共通点を考える（統合的に考察する）ことができたら，必ず「この共通する考え方を使ったら，次はどんなことができそうかな？」と発展的に考察することなどです。こういった一斉授業での積み重ねが，算数科における「探究的な学習」の基盤となっていきます。

6 「探究的な学習」の前に教師がやるべきこと

(1)「探究的な学習」のための教師の自覚

　算数科における「探究的な学習」を行うためには，子ども自身が，算数科における「学び方」を理解し，自ら学習を進めることが求められます。一方で，**「子どもに学びを委ねて終わり」ではなく，常に教師の声かけや見取りが必要であり，まわりの子どもとの「協働的な学び」も不可欠**です。

　しかし，そんなことをいきなり子どもに求めてもできません。

　杉山（2008）は，算数科を指導する教師のレベルには，

次のように3つの段階があることを示しています。

レベル1　数学的な知識，手続きを知らせるだけの先生
レベル2　「覚える」ことに加えて「分かる」ことを
　　　　　目指す先生
レベル3　子どもが自分で見つけたり，作ったり，子ども
　　　　　が発見，創造する。子どもにそれを期待できる
　　　　　先生

　レベル1は，知識を教えるだけの教師，レベル2は「な
ぜそうなるのか？」まで説明できる教師で，どちらも教師
主導型の授業をする教師です。レベル3は，今で言えば，
数学的な見方・考え方を働かせて，統合的・発展的に考察
することを繰り返しながら，自ら学習を進めていくことを
子どもに期待できる教師で，「子どもに学びを委ねる」こ
とができる教師です。算数科における「探究的な学習」を
子どもに期待するのであれば，レベル3の教師にならなけ
ればなりません。
　このレベル3の教師になるために必要なこととして，次
のように述べています。

　普通に授業をしているだけでは，子どもが算数を作った
り見つけたりすることはできません。そういうことができ
るためには，そういうことができる子どもを育てなければ
なりません。そういうことができる子どもを育てることが

第4章　算数科における「探究的な学習」を実現するための一斉授業のつくり方　077

できる先生，それが算数の専門家です。そうした子どもを育てて初めて，児童中心の教育ができるのです。

　このレベル3の教師になるために必要なことが，とても重要なのです。

　いきなり，「子どもが自分で見つけたり，作ったり，子どもが発見，創造する。子どもにそれを期待」しても，たぶん子どもは「そんなことを言われても，どうしていいかわからない」と困ってしまうでしょう。子どもに学びを委ねるためには，「そういうことができる子ども」を育てなければなりません。子どもに学びを委ねるためにも，一斉授業の重要性が増していくはずです。

　「数学的な見方・考え方を子どもだけで働かせることは難しい。だから，一斉授業の方がよい」ではなく，**「子どもに学びを委ねる場合でも，自ら数学的な見方・考え方を働かせられるようにするためには，どうすればよいのかな？」と考えていくことが大事**だと思います。

(2)「探究的な学習」のための教師の最大の役割

　1人でも多くの子どもが数学的な見方・考え方を働かせて「探究的な学習」が行えるためには，「こういうところを視点に考えてみるといいよ」といった数学的な見方・考え方を意識できるような声かけを細やかに行っていく必要があります。

　「そういうことができる子ども」を育てられるようにす

078

るためにも，算数科における「探究的な学習」において子どもが数学的な見方・考え方を働かせられるようにするためにも，**数学的な見方・考え方のつながりを意識した系統性のある教材研究が，教師の最大の役割になる**のではないでしょうか。

7 「教科に向かう主体性」を育てる

　石井（2024）は，学習の動機づけに関わる入り口の情意の1つとして「勉強に向かう主体性」があり，学習の結果生まれ，学習を方向付ける出口の情意の1つとして「教科に向かう主体性」があると述べています。

　「計算が速くなりたい！」と思って計算練習に取り組んでいる子どもや，「先生から出された問題はやろう」と考えて学んでいる子どもは，「勉強に向かう主体性」はあると言えますが，「教科に向かう主体性がある」とは言えないでしょう。

　算数科における「教科に向かう主体性」がある状態というのは，

　「この学習では，こういうところに着眼するといいんだな（数学的な見方の自覚）」

　「問題が解けたら，『どうしてそうなるのか？』を考えたり，いろいろな解き方から共通点を見つけたり，見つけた共通点を使って，問題を発展させたりするといいんだな（数学的な考え方の自覚）」

第4章　算数科における「探究的な学習」を実現するための一斉授業のつくり方　079

というように，数学的な見方・考え方を働かせ，自ら新しい知識を創り出している状態と言えるでしょう。

石井（2020）は，「批判的に思考しようとする態度や学び続けようとする意志などの出口の情意は，教育活動を通してこそ子どものなかに生じて根づいていく価値ある変化であり，目的や目標として掲げうるものです」と述べると同時に，出口の情意は，意識的に指導することで育んでいけるとも述べています。

いきなり「自分で学習を進めましょう」と言ったところで，子どもは何をやっていいのかわかりません。**教師が意図的に指導していくことの積み重ねで，「教科を学ぶ主体性」が身に付いていく**のです。

算数科の一斉授業を通して，算数科の特質に応じた「学び方」を学ばせることによって，「算数科を学ぶ主体性」を育てることにもつながるはずです。算数科における「探究的な学習」をするためには，「算数科を学ぶ主体性」が不可欠であり，算数科における「探究的な学習」を通して，「算数科を学ぶ主体性」を育てていくのです。

【第4章　参考・引用文献】

・伏木久始（2023）奈須正裕・伏木久始編著『「個別最適な学び」と「協働的な学び」の一体的な充実を目指して』北大路書房，p.94

・齊藤一弥（2024）「座談会『現行学習指導要領の成果と課題を整理する」（『新しい算数研究』vol.633，東洋館出版社，p.19）

・杉山吉茂（2008）『初等科数学科教育学序説』東洋館出版社，pp.11－14

・石井英真（2024）「学習指導要領の目標・内容の示し方について」（令和6年6月10日　今後の教育課程，学習指導，学習評価等の在り方に関する有識者検討会（第12回）資料2，p.16）

・石井英真（2020）『未来の学校　ポスト・コロナの公教育のリデザイン』日本標準，p.78

第4章のポイント

❶一斉授業のよさ

　「わからない人がいれば一緒に考える」という習慣が学級全体になければ，いくら「探究的な学習」をしても孤立学習になってしまいます。だれでも安心して学習できる環境を，一斉授業を通して築いていくことはとても重要です。他者の疑問を考えることは，「わかっていると思っていたことが，実はわかっていなかった」ということに気付くことにもつながります。多くの人と一緒に学習する必要を自覚できることも一斉授業のよさです。

❷一斉授業の長所

　一斉授業は「学び方」を全員で共有する場として適しています。算数科の特質に応じた「学び方」を一斉授業で何度も経験することが，算数科における「探究的な学習」において，数学的な見方・考え方を子どもが働かせることにつながっていくのです。

❸一斉授業で「教科に向かう主体性」を育てる

　算数科における「教科に向かう主体性」（石井，2024）がある状態とは，数学的な見方・考え方を働かせ，自ら新しい知識を創り出している状態でしょう。一斉授業を通して，算数科の特質に応じた「学び方」を学ばせることによって，「算数科を学ぶ主体性」も育てるのです。

第 5 章
算数科における「探究的な学習」
を実現するための単元のつくり方

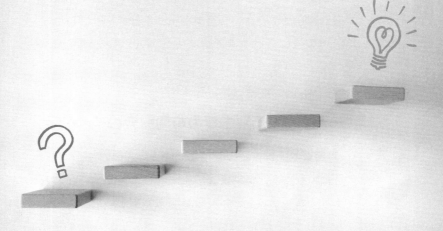

本章では，一斉授業と個別学習の長所を考慮した単元構成の仕方について述べていきます。

　一斉授業には，全体で共通の理解を深め，学習の意義を明確にすることができるという長所があります。一方，個別学習には，子どもが自らのペースで学びを進め，創造的な発見を楽しむことができるという長所があり，「探究的な学習」がしやすくなります。

　一斉授業と個別学習には，それぞれ長所がありますが，どちらの学習形態を取ったとしても，最も重要なことは，子ども自身が数学的な見方・考え方を働かせることです。

　6年「文字式」の単元を例に，数学的な見方を一斉授業で共有し，その後の個別学習で各自が数学的な見方・考え方を働かせながら学習を進め，「探究的な学習」をする姿を示します。教師が授業形態を選ぶ際の工夫や判断基準や，一斉授業と個別学習を組み合わせた，算数科における単元構成の仕方を示していきます。

1 一斉授業と個別学習の時間配分のイメージ

(1)一斉授業と個別学習の長所・短所

　一斉授業も大事，個別学習や単元内自由進度学習も大事で，それぞれの学習形態にはよさがあります。

大まかに言えば，**一斉授業には，全体で同じことを共有できるというよさがあります。**人それぞれの価値観は異なっていてかまいませんが，「この教科は，こうやって学習すると意味がある」といった「学び方」はみんなで理解していた方がよく，子どもが自分で学習するときにも「もっとこうした方がいいのではないか？」といった話し合いができるようになると考えています。

　個別学習や単元内自由進度学習には，子どもが自分で学習を進めることができるというよさがあります。自分のペースで学習を進められるので，立ち止まる，もっと進む，だれかと一緒に考える，といったことを選択する自由があり，学習する楽しさを感じやすくなります。

(2)単元構成のイメージ

　一斉授業と個別学習（筆者は単元内自由進度学習を行っていないため，個別学習のみ）は，それぞれのよさを生かして学習形態を選択するとよいと考えています。

　以下の図1は10時間単元の構成イメージです。

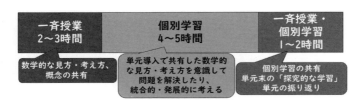

図1　単元構成のイメージ

あくまでイメージで，この通りにやっているわけではありませんが，単元前半で一斉授業をしてから個別学習を行うこと，単元末に個別学習でやってきたことを共有すること，単元末の「探究的な学習」を入れたうえで単元全体の振り返りをすることは，どの単元も共通しています。

(3)個別学習を選択した理由

　私は算数科の学習においては，個別学習は行いますが，単元内自由進度学習は行っていません。「『個別最適な学び』とは何か？」と考えて実践を始めたころは，様々な文献を参考にしながら，単元内自由進度学習にも取り組んだのですが，子どもたちは教科書の内容を先に進むような学習をあまりしませんでした。教科書の内容を先に進むよりも，同じ問題を解いて，「どうやってやった？」「どうしてこうなるの？」「だったら，こんなこともできるんじゃない？」とまわりの子どもと一緒に学習をすること（根拠を基に筋道立てて考えたり，統合的・発展的に考察したりすること）を楽しんでいたのです。**教科書の問題を次々と解き進めるような学習はしなかった**ということです。

　そこで，数学的な見方・考え方を働かせるような個別学習にするために，どの時間も1問目は全員が同じ問題を解決して，解決した問題を発展させていくことを楽しめるような学習にしていきました。だから「解けたら次の問題を解く」といった学習はせず，「それぞれのペースで学習する」「毎時間，1問目はみんなが同じ問題を解いて，お互

いに共有できるようにする」「解けたら，自分で問題を発展させていく」という学習を行うようになったのです。

2 1単位時間ではなく単元で考える重要性

算数科に限ったことはでないですが，授業を考える際は，必ず単元構成を考えたうえで，1単位時間ごとの授業を考えるとよいでしょう。数学的な見方・考え方を働かせて数学的活動を行い，新しい知識を創り出すような学習をするために最も重要なことは，**学習のつながりを子どもが意識すること**です。「昨日はこんなことに着目して考えたから，今日も同じようにできるかな？」「昨日までと同じようにできたのだから，○○も同じようにできるかな？」と考えられるようにするということです。算数科であれば，数学的な見方・考え方を働かせるということです。

小学校学習指導要領（平成29年告示）の「第3　指導計画の作成と内容の取扱い」の1の(1)にも「単元など内容や時間のまとまりを通して，その中で育む資質・能力の育成に向けて，数学的活動を通して，児童の主体的・対話的で深い学びの実現を図るようにすること。その際，数学的な見方・考え方を働かせながら，日常の事象を数理的に捉え，算数の問題を見いだし，問題を自立的，協働的に解決し，学習の過程を振り返り，概念を形成するなどの学習の充実を図ること」（文部科学省，2017）と述べられています。

単元構成を考えたうえで，１単位時間ごとの授業を考えるようにするには，**まずは単元を通して働かせる数学的な見方を明らかにして，そのうえで，１単位時間で働かせる数学的な見方を具体化していくようにする**とよいでしょう。単元の最後に，子どもが「この単元の学習って，結局，○○という数学的な見方がポイントだったね」と言える姿を想像してから，逆算して１単位時間ごとの授業を考えるのです。そして，それぞれの時間で，数学的な見方・考え方を働かせやすい学習形態を考えるのです。

単元の導入ならば，その単元で働かせる数学的な見方を知らないわけですから，一斉授業で共有した方がよいです。ある程度単元を通して働かせる数学的な見方が共有される３〜４時間目あたりになれば，個別学習を選択し，子ども自身が数学的な見方を働かせる経験をして，自ら学習を発展させていく「探究的な学習」をたくさん経験させた方がよいでしょう。

3 6年「文字式」の実践例

６年生の「文字式」の単元で行った実践を基に，単元構成の実際を紹介します。

(1)単元で働かせる数学的な見方を顕在化させる　単元前半の一斉授業

第１時は，一斉授業で行いました。「正方形に並べた●

の個数を計算で求める方法を考える」という問題を扱って，文字式の立て方を考えました。

　ここで大事なのは，**単元を通して働かせる数学的な見方を顕在化する**ことです。1つの単元で働かせる数学的な見方は1つではありませんし，単元を通して成長していくものです。また，単元の途中で，働かせる数学的な見方が変わる単元もあります。よって，単元の前半で共有した数学的な見方が，単元すべてで働かせられるとは限りません。しかし，多くの単元では，導入で新しい概念を学習する場面が用意されているので，まずは，単元導入で「この学習では，こういう数学的な見方を働かせることが大事なんだな」と子どもに意識させることが大切です。

　「文字式」の単元では，独立変数，従属変数，定数といった数学的な見方を共有しました。独立変数，従属変数，定数は小学校で指導する必要はない言葉ですが，これらを使った方が数学的な見方が意識しやすいと考えました。

　また，独立変数，従属変数，定数を見つけるために，「問題が解けたら数を増やしてみる」「式を縦に並べて『同じ』と『違い』を見つける」といった，文字式の学習のときに働かせる特徴的な数学的な考え方も共有しました。根拠を基に筋道立てて考えたり，統合的・発展的に考察したりする数学的な考え方は，どの単元においても働かせるものですが，文字式においては，上記のような特徴的な数学的な考え方を働かせるので，明示的に指導しました。

　単元の導入において大事なことは，その後の単元におい

第5章　算数科における「探究的な学習」を実現するための単元のつくり方　089

て働かせる数学的な見方（時には数学的な考え方も）を顕在化することです。目の前の単元で働かせる数学的な見方が意識できれば，子どもが自分で学習する際も，数学的な見方・考え方を働かせやすくなります。

次の図２，３は，上記の数学的な見方・考え方を意識させるために書いた，一斉授業の際の板書の一部です。

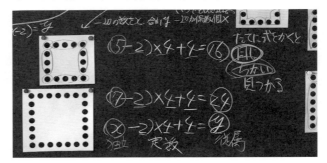

図２　第１時で数学的な見方を明示した板書①

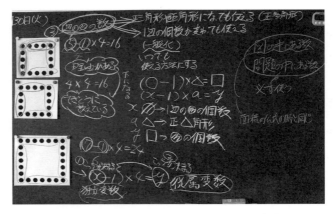

図３　第１時で数学的な見方を明示した板書②

第2時は，正三角形に並べた●の個数の求め方を文字式に表す方法を考える学習で，一斉授業で行いました。ここで大切なことは，「正方形のときと同じように，独立変数，従属変数，定数に着目すればできるかな？」ということを考えることです（図4参照）。

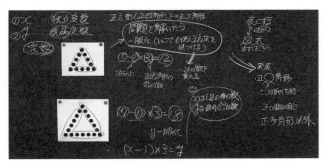

図4　数学的な見方を意識した第2時の板書

　前時で働かせた数学的な見方を意識させることによって，「独立変数，従属変数，定数に着目すれば，いつでも文字式にすることができそうだ！」と統合的に考察するとともに，「だったら，他の場面でも，独立変数，従属変数，定数に着目すれば，文字式にできるかもしれない！」と発展的に考察することがしやすくなるのです。

　常に数学的な見方・考え方を働かせて，既習内容と将来の学習をつなげる意識をもたせられるように，**一斉授業においても数学的な見方・考え方を意識させていく**のです。

　ここまでくれば，個別学習に入る準備は整っています。あとは，「独立変数，従属変数，定数」という数学的な見

方を働かせながら，文字式が使える範囲を広げていき，文字式の概念を豊かにすればよいのです。

(2) 数学的な見方・考え方を働かせる個別学習

　ここまでの一斉授業で，単元を通して働かせる数学的な見方を意識させることができれば，個別学習にしても，「問題を解いて終わり」の学習にはなりにくくなります。

　第３時では，「円周を求める方法を，xとyを使って式に表しましょう」「１ｍが３kgの鉄の棒の長さと重さの関係を，xとyを使って式に表しましょう」という問題を提示して，個別学習を行いました。

　次の図５のノートは，ある子ども（以下 a 児）が３時間目の個別学習の際に書いたノートです。

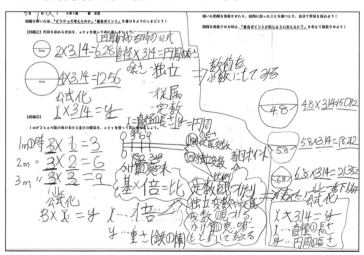

図５　数学的な見方を意識して書かれた a 児のノート

注目すべきは、ノート中央下部の「着目ポイント」と書かれている部分です（図6参照）。

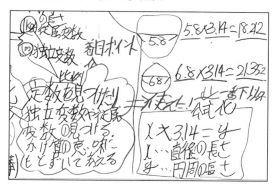

図6　a児が数学的な見方を言語化したノート

　a児は「定数を見つけたり、独立変数や従属変数を見つける。かけ算の意味にもとずいて考える（原文ママ）」と書いています。単元導入で共有した数学的な見方を意識しながら学習していることがわかります。

　また、a児は「小数でも、同じように考えれば、文字式がつくれるのか？」と考え、解決した問題を発展させ、数の範囲を広げていました。まさに算数科における「探究的な学習」の捉えである「子どもが『数学的な見方・考え方』を働かせながら、習得した知識及び技能を活用すること等を通して、新たな問いをもつ学習」になっていました。

　さらに、学習の振り返りで、次ページの図7のように「次は面積を求めてみたい!!」と書き、さらなる発展的な考察をしようとしていました。自分で、解決した問題の先

の学習を創り出そうとしている姿が現れていると言えるでしょう。

図7　a児が書いた発展的な考察をした振り返り

　個別学習中は，働かせた数学的な見方（着目ポイント）を Microsoft の Teams というアプリ（以下，Teams）に投稿（図8参照）して共有しています。

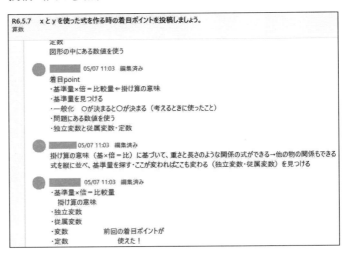

図8　個別学習中に Teams に投稿された数学的な見方

　数学的な見方を意識できなかった子どもは，この投稿を見て「こういうことに着目すればいいのか」と理解できる

ようになります。また，**教師はこの投稿を見ながら，「みんな○○という着目ポイントを働かせているみたいだねぇ」と実況中継したり，投稿されたことを板書したりして，何気なく数学的な見方を共有していきます。**

(3)単元末の「探究的な学習」

第4時では，単元末の「探究的な学習」を個別学習で行いました。単元末の「探究的な学習」とは，**単元の途中で「もっと考えたいな」と思ったことや「これはどうなっているのかな？」と思ったことについて，1単位時間の中で，自由に，そしてとことん考える時間**です。

図9のノートは，単元末の「探究的な学習」の時間にa児が書いたノートです。

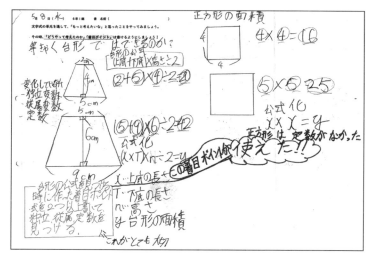

図9　単元末の「探究的な学習」のa児のノート

a児は，前時（3時間目）の振り返りで「次は面積を求めてみたい‼」と書いていました。そのことを，単元末の「探究的な学習」で行ったのです。

　ノートの左下には，本単元で働かせてきた独立変数，従属変数といった数学的な見方が書かれるとともに，「式を2つ以上書いて，独立（変数），従属（変数），定数を見つける」といった数学的な考え方についても書かれています（図10参照）。

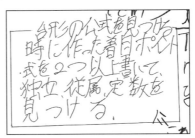

図10　単元末の「探究的な学習」の際にa児が書いた，単元を通して働かせてきた数学的な見方

　また，定数がない場合もあることに気付き，数学的な見方を成長させていることがわかります。

　他にも，図11のノートを書いた子どもは，1，2時間目の学習を基に「正方形，正三角形が同じような文字式でできたから，他の形でも同じようにできるのか？」ということを探究していました。その結果，「ひし形は同じようにできるけれど，平行四辺形はできない」ということを発見していました。それだけでなく，平行四辺形に並べた●の

個数の求め方を文字式に表したり、図形の性質との関係についても考えたりしていました。

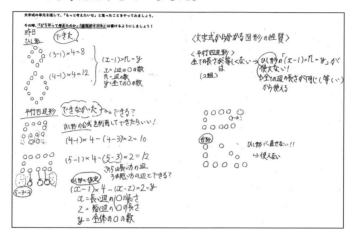

図11 単元末の「探究的な学習」で、1、2時の問題を発展させて探究した子どものノート

(4)単元の振り返り

　この単元では、個別学習中にほとんどの子どもが、独立変数、従属変数、定数といった数学的な見方を働かせながら問題を解決したり、問題を発展して「探究的な学習」をしていることが見取れたので、個別学習で各自が学習したことを共有するための一斉授業は設けませんでした。しかし、「不十分だ」と感じた場合は、個別学習で各自が学習したことを一斉授業で共有する時間を遠慮なく設けます。子どもも教師も慣れてくると、共有する時間を1時間設けなくても、個別学習の中で少し時間を取って共有したり、

教師が子どもを見取る中で共有したりすることができるようになっていきます。

　しかし，単元の振り返りをする時間は必ず全単元で設けています。次ページの図12のノートは，a児が単元の振り返りで書いたノートです。

　単元の振り返りは，いつも以下の4つの項目を設けています。

①「単元名」は，今までのどんな学習とつながっていましたか。
②「単元名」は，どんなことを使ったり，着目したりするとできましたか。
③「単元名」の学習を通して，できるようになったこと，これからも使えそうなことは何ですか。
④その他

　①は，既習とのつながりを振り返るための設問です。

　②は，最も大切な設問で，単元内で働かせた数学的な見方が理解できているかを見取るための設問です。評価をする際も，②に単元内で働かせるべき数学的な見方が書かれているかを見ています。

　③は，単元で学習したことを，これからどんな学習に生かしていきたいかを考えてもらうための設問です。ただ，②の回答と似てしまうこともあります。しかし，「単元が

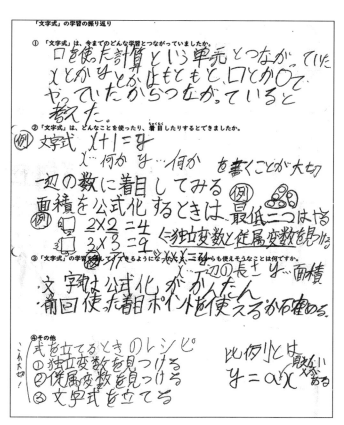

図12 a児が書いた「文字式」の単元の振り返りノート

終わったら学習が終わりではなく、学習には続きがある」ということを意識してもらいたいと考え、この設問を設けています。

④は、①～③では書ききれなかったことや、疑問に思ったこと、今後考えたいこと等を自由に書くための設問です。

この振り返りの時間は，個別学習で行っています。普段の個別学習同様，まわりの人と関わりながら学習を振り返っています。自分1人で振り返られることは限られています。子どもを見ていると，Teams に投稿されている数学的な見方を見て振り返ることもしていますが，**他の人と一緒に振り返ることで，自分では気付けなかったこと，忘れていたことに気付くことが多い**ようです。

4 一斉授業か個別学習かをだれが決めるのか

　章の冒頭で単元構成のイメージ（図1）を提示しましたが，その通りにいくことはほとんどありません。既習事項を想起するだけでは自分で学習を進めることが難しい，もしくは，形式的な解き方だけを覚えて終わってしまう恐れがある単元（例えば，3年生のわり算）では，一斉授業しかしないときもあります。

　単元内で個別学習を取り入れる場合は，単元の前半で一斉授業を2～3時間設けることは，どの単元でも行います。なぜなら，単元前半の一斉授業で，単元を通して働かせる数学的な見方を顕在化させる必要があるからです。単元前半の一斉授業で数学的な見方を共有しなければ，単元中盤以降の個別学習で「解けたら終わり」の知識偏重の学習になってしまいます。

　また，個別学習をしたとしても，既習で働かせた数学的な見方や数学的な考え方を働かせられない子どもが多けれ

ば，一斉授業に戻して，教師が説明することもあります。

　一斉授業か個別学習かの選択は，教師が行った方がよいと考えています。なぜなら，**1単位時間の学習内容が，全体で共有した方がよいものなのか，自分のペースで個別に学習を進めた方がよいものなのかは，学習内容の意義やねらいを知っている教師にしか判断できないからです。**

　もし，個別学習や単元内自由進度学習をやってみて，うまくいかなかったからといって，「このクラスの子どもたちは自分では学べない」と思ってはいけません。そうではなく，**大事なのは「次の学習で，自分で学べるように，教師が説明したり，一緒に考えたりする」ということです。**あくまで，次の学習において自分で学習できるように一斉授業を行うことが大切だと考えています。そのために，一斉授業では「学び方」を学ばせたり，単元を通して働かせる数学的な見方を顕在化させたりするのです。

【第5章　参考・引用文献】
・文部科学省（2017）「小学校学習指導要領（平成29年告示）」p.91

第5章のポイント

❶単元構成のイメージ

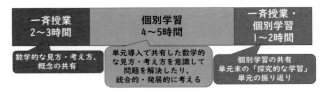

単元前半で一斉授業をしてから個別学習を取り入れること，単元末に個別学習でやってきたことを共有すること，単元末の「探究的な学習」を入れたりしたうえで単元全体の振り返りを行うことは，どの単元でも共通しています。

❷1単位時間ごとではなく，単元で考える

まずは，単元を通して働かせる数学的な見方を明らかにして，そのうえで，1単位時間で働かせる数学的な見方を具体化していくようにするとよいでしょう。単元の最後に，子どもが「この単元の学習って，結局，○○という数学的な見方がポイントだったね」と言える姿を想像してから，逆算して1単位時間ごとの授業を考えるのです。

❸一斉授業か個別学習かを決めるのはだれか

一斉授業か個別学習かの選択は，教師が行った方がよいと考えます。なぜなら，1単位時間の学習内容が，全体で共有した方がよいものなのか，個別で自分のペースで学習を進めた方がよいものなのかは，学習内容の意義やねらいを知っている教師にしか判断できないからです。

第 **6** 章
算数科における「探究的な学習」 を実現するための 個別学習のつくり方

本章では，個別学習のつくり方について述べます。

算数科における「探究的な学習」を日々の学習で実現するためには，一斉授業以外の学習形態を取り入れることは不可欠だと考えます。一斉授業だけだと，どうしても子どもが自分のペースで数学的な見方・考え方を働かせることは難しいですし，「もっとこんなことがやりたい！」と発展的に考察する時間もあまり取れないでしょう。

同時に，先生方にとっては，「どこまで共有すればいいの？」「みんなで同じことをやらないと学力差が生まれてしまうのではないの？」という心配をされることでしょう。

本章では，どのように個別学習をつくっていくのかをまとめます。実践の様子については，前章も含め，他の章でも触れていますので，そちらもご覧ください。

1 扱う問題

問題は，教師から1〜2問程度出します。この問題は，ほとんどは教科書通りの問題です。教科書の問題でなくてもよいのですが，教科書の問題の方が数学的な見方・考え方を働かせやすいです。なぜかというと，現行の学習指導要領における算数科の学習が，数学的な見方・考え方を働

かせることが前提になっているため，教科書も数学的な見方・考え方を働かせる学習がしやすいような問題設定がなされています。

もちろん，教科書以外の問題を扱うこともあります。でも，毎日準備することは難しいです。「他の問題の方が数学的な見方・考え方を働かせやすい」と判断した場合は，教科書以外の問題を扱えばよいですが，**無理はせず，教科書の問題を扱うとよい**と思います。大事なことは，数学的な見方・考え方を働かせ，数学的活動を行い，自ら知識を創り出し，学習を進める活動そのものなのです。

2 個別学習の流れ

1単位時間（本書では45分を想定）を前半・後半に分けて，前半は教師から出された問題を解く時間，後半は解いた問題を発展させる時間と想定しています。しかし，配分は子どもによって異なります。算数が得意な子どもは前半が短く後半が長くなるでしょう。算数が苦手な子どもは前半が長く後半が短くなるでしょう。中には，教師から出された問題を解決することで学習を終える子どももいます。

詳細は割愛しますが，「個別最適な学び」の視点で考えると，前半は「指導の個別化」を意識した時間で，後半は「学習の個性化」を意識した時間ということになります。

「探究的な学習」という視点で見ると，自ら問題を発展させている後半が「探究的な学習」の意味合いが色濃く出

第6章　算数科における「探究的な学習」を実現するための個別学習のつくり方　105

ます。しかし大切なのは，前半で取り組んだ問題で働かせた数学的な見方を意識し，「だったら…」と数学的な考え方を働かせて発展的な考察をする活動そのものです。ですから，**前半の活動があってこその後半の活動（「探究的な学習」）**なのです。

3 ノートのつくり方

　1単位時間を前半・後半に分けて，前半は教師から出された問題を解く時間，後半は解いた問題を発展させる時間ということをノートにも反映させます。個別学習の際は教師からノートを配付します。一例として，次ページに6年生の「拡大図・縮図」の4時間目に行った個別学習で配付したノート（図1）を載せておきます。

　A3サイズで，左ページは教師から出された問題が提示されており，右ページは空欄になっています。「問題を解いて終わり」にしないために，左ページの問題の上には，いつも「問題を解いた後，『どうやって考えたのか』『着目ポイント』を書けるようにしましょう！」（私のクラスでは，数学的な見方を「着目ポイント」と呼んでいます）と書いてあります。また，右ページの上にも「解いた問題を発展させたり，疑問に思ったことを調べたり，自分で学習を進めよう！　問題を発展させる時は，『着目ポイントが同じように使えるか？』を考えて発展させよう！」と書いています。

106

4 めあては数学的な見方・考え方を働かせること

ノートには、問題は提示してありますが、めあてを書く欄がありません。これは個別学習だけでなく、一斉授業で

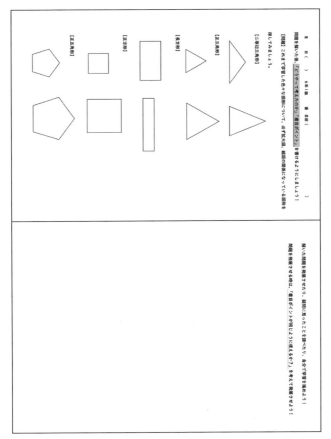

図1　6年「拡大図・縮図」の4時間目の個別学習のノート

も同様です。しかし，めあてがないわけではないのです。**算数科のめあては，いつも数学的な見方・考え方を働かせることなので，毎時間書いていないだけです。**

　6年「拡大図・縮図」の学習であれば，めあては「『対応する辺の長さ』『対応する角の大きさ』『対応する点』という数学的な見方に着目すれば，問題を解くことができるのか？」ということになります。「前時までと同様の数学的な見方が働くのか？」「前時とは違った数学的な見方が働いたのか？」「そうすると，どんな新しいことが発見できたのか？」ということを考えればよいのです。ですから，「○○を考えよう」ということを書かなくてもよいと考えています。解くのは問題，そして，考えるのは「数学的な見方を今までの学習と同様に働かせることができるのか？それとも，新しい数学的な見方を働かせるのか？」ということと，数学的な考え方を働かせて根拠を基に筋道立てて考えたり，統合的・発展的に考察したりすることです。

5 全員が理解すべき線は教師から出した問題

　よく個別学習のことについて，「それぞれが別々のことを学習したら，学力差がさらに広がってしまうのではないか？」というご質問を受けます。そうかもしれません。でも，きっと一斉授業だけをしていたら，もっと学力差は広がってしまうのではないでしょうか。

学習に限らず，人には得意・不得意がありますし，興味のある・なしもあるでしょう。だから，算数が得意な子ども，算数に興味がある子どもの方が，どんどん理解を深めていくでしょう。これは，学習形態や扱う問題の違いが原因ではないと考えます。

　もっと考えなければならないのは，算数が苦手な子どもが，理解しないまま何時間も学習が進み，「積み残し」が溜まっていくことではないでしょうか。算数は，既習を使えば，自ら新しい知識を創ることができるという教科特性があります。逆に言えば，既習が積み上がっていないと，新しい知識を創れないどころか，理解することもできなくなります。ですから，目の前の学習が理解できない原因の多くは，既習の「積み残し」である場合が多いのです（ちなみに，既習の「積み残し」の解消の手段の1つとしてAIドリルは効果的でしょう）。

　個別学習では，算数が苦手な子どもに教師が説明したり，自分のペースで問題を解いたりする余裕があるので，算数が苦手な子どもの「積み残し」をなるべく出さないようにすることができます。

　そのためには，「これだけは全員が理解できるようにする」という線をもっていないといけません。それが，教師から出された問題だと考えています。その線とは，個別学習の1問目の問題のことです。多くは教科書の問題なので，これをしっかりと積み上げていけば，当該学年の学習は理解できる状態に近づけていけます。そのかわり，**教師から**

第6章　算数科における「探究的な学習」を実現するための個別学習のつくり方　109

出された問題については，全員が理解しているのかを注意深く見取る必要があります。

　教師から出された問題を発展させた問題については，教師が実況中継をしたり，ICT を使ったりして共有する程度にして，「全員が理解する」ということを目指さず，「おもしろいことやっているねぇ」と言って回り，全体に興味を喚起する程度にしています。興味をもった子どもの中には，真似して考える子どももいます。それでよいのです。**これを「全員が同じ問題に取り組まないといけない」とすると，算数が得意な子どもにも，算数が苦手な子どもにも負担になっていく**のです。

6 発展的に考察したことは紹介する程度に

　授業後半では，教師が提示した問題を発展させて問題をつくる子どもが多くなります。まさに「探究的な学習」そのものです。その際，算数が得意な子ども，もしくは算数が好きな子どもは，かなり発展的な問題を考えることがあります。

　例えば，図２のノートは，６年「拡大図・縮図」の４時間目の個別学習で書かれたものです。このノートを書いた子どもは，「他の形はどうなっているのかな？」と考えて，ひし形，平行四辺形，台形，等脚台形についても常に拡大図・縮図の関係になっているのかを調べました。ここまでは，確かめればわかることなので，他の子どもに共有して

も理解できるかもしれません。しかし，この子どもは，「常に拡大図・縮図の関係になる図形の共通点」について調べていました。まさに統合的に考察している姿です。ノートの下部には，常に拡大図・縮図の関係になる図形の共通点として「辺の長さの性質が全て決まっている。角の大きさの性質が全て決まっている」とまとめられています。

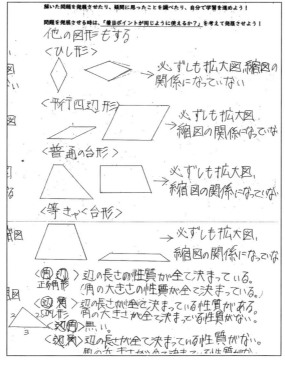

図2　6年「拡大図・縮図」の4時間目に，
　　　子どもが発展的に考えたことを書いたノート

さらにこの子どもは、家に帰っても続きを考えてきて、図3のようなまとめも書いてきました。

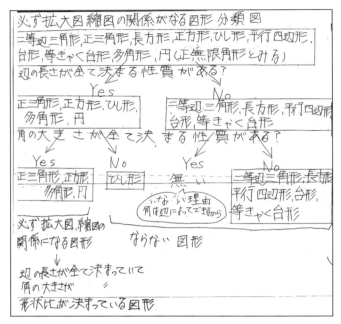

図3　図2の続きのまとめを書いたノート

ここまでの理解をすべての子どもに共有したとしても、理解することはなかなか難しいでしょう。もちろん「おもしろいことをやっているよ」と全体に声をかけ、次の時間に簡単に紹介して「こういうことも考えるといいんだな」と思ってもらう程度のことはします。

反対に、こういった子どもは、一斉授業のときは「もっとやりたいな」「もっとこんなことできるかもしれないな」

という気持ちを抑えているのかもしれません。また「何度も発言したいのに，1回発言すると，なかなか発言させてくれないから，最初のうちは発言するのをやめておこう」とか「知っていることを言うと，『まだ習っていないから言わないで』と言われるから，何も言わないでおこう」などと思っているかもしれません。**算数が得意な子ども，算数が好きな子どもも，自由に考えたいこと，表現したいことをやれるようにすることも大切**だと思います。算数が苦手な子ども，算数が好きではない子どものことを優先して考えることは大切だと思います。一方で，算数が得意な子ども，算数が好きな子どもが学習を楽しむことを保障することも大切だと考えています。

　「みんなが同じことをする」「やっていることはすべて全員で共有する」という縛りをかけてしまうと，算数が得意な子ども，算数が好きな子どもの可能性を狭めてしまうことにもつながりかねません。だから，**全員が理解する線を決めたのであれば，それ以上のことについては，「みんなが同じことをする」「やっていることはすべて全員で共有する」という意識から教師は解放されるべき**ではないかと考えています。

　日々，子どもが学習する姿（特に個別学習中の姿）を見るたびに，教師が「みんなが同じことをする」「やっていることはすべて全員で共有する」という意識から解放されることによって，多くの子どもに算数科における「探究的な学習」が実現されていくのではないかと感じています。

第6章　算数科における「探究的な学習」を実現するための個別学習のつくり方　113

子どもによって，学習内容の違いはあります。しかし，その子なりの「探究的な学習」をする姿は，興味・関心に基づいた姿だと強く感じます。

7 数学的な見方を働かせているかは，子どもに表現してもらって見取る

　個別学習においても，大事なことは，数学的な見方・考え方が働かせられているかどうかを見取ることです。ですから，教師から提示した問題を解いているときも，発展させた問題を解くときも，いつも数学的な見方・考え方を働かせるように，教師は子どもに意識付けしていきます。

　特に，問題を発展させているときに，子どもが闇雲に問題を発展させることがあります。でも，「何のために問題を発展させているのか」ということが意識されていないと，発展させた問題の価値は半減してしまいます。すべてではないですが，問題を発展させているときは，「他の場合でも同じように数学的な見方を働かせることができるのか」という意識をもたせることで，問題を発展させる意味が自覚できるようになります。「いつでも使えるかを考える」ということであり，少し難しく言えば**「一般化を図る」という意識をもたせる**ということです。それだけでも，闇雲に問題を発展させるのではなく，「何のために問題を発展させているのか」ということを子どもが自覚できるようになります。

ですから，教師が提示した問題で働かせた数学的な見方を意識させ，「最初の問題と同じように，着目ポイントは使えたかな？」と聞いて回ることが大切です。

先述の6年「拡大図・縮図」の学習であれば，いつも「対応する辺の長さ」「対応する角の大きさ」「対応する点」という数学的な見方に着目して考えたのか，そして，問題解決のどの部分でその数学的な見方を働かせたのかを問うていくのです。

個別学習の際は，まずは「解けたか」「解けなかったか」という視点で子どもを見取ります。解けなかった子どもがいたら，解き方を教えます。その後は「数学的な見方が働かせられているのか」という視点で子どもを見取り，声をかけていきます。1単位時間で全員に声をかけ，数学的な見方が働いているのかを確認することは難しいので，できる範囲でやればよいのです。**「3時間かけて全員を見取る」ぐらいの気持ちで大丈夫です。**その代わり，一人一人の声にしっかりと耳を傾けましょう。

8 学習の意図が伝わっていなければ 一斉授業に戻す

個別学習をしていても，「これは学習課題が伝わっていないな」と思ったら，一斉授業に戻すことがあります。一斉授業に戻す時間は5分程度のこともありますし，残り時間をすべて一斉授業にすることもあります。とにかく，**学**

第6章　算数科における「探究的な学習」を実現するための個別学習のつくり方　115

習課題が伝わるまで一斉授業で共有します。

　学習課題が伝わっているかどうかを判断するために一番わかりやすい判断基準は「ただ答えを出して終わっている子どもが多いかどうか」です。

　6年生で円柱の体積の求め方を考える学習を個別学習で行った際のことです。前時までに角柱は「底面積×高さ＝体積」という公式で求められることを学習しました。そのうえで、「円柱も、『底面積×高さ＝体積』という公式で体積を求めることができるのか？」ということを考えるという学習課題を共有して個別学習に入りました。

　しかし、個別学習中の様子を見ていると、多くの子どもは「底面積×高さ＝体積」の公式で円柱の体積を求めて終わっていました。そこで「円柱でも『底面積×高さ＝体積』の公式が使えるのかどうかを考えているのに、この公式で体積を求めて終わったら証明にならないよ」と声をかけました。そこで、一斉授業に戻して、円の面積の学習を想起させ、円柱を四角柱（底面積が平行四辺形の四角柱）に変形して求めた体積と、円柱を「底面積×高さ＝体積」の公式で求めた体積を比べて、体積が同じだったから、「円柱でも『底面積×高さ＝体積』の公式が使える」ということを全員で共有していきました。

　この過程においても、底面の平行四辺形の面積の求め方があやふやな子どもが多かったので、式と図を結び付けながら全員で共有していきました。図4は、その際の板書です。円柱の体積の求め方だけでなく、「体積を求められる

形にする」という数学的な見方を働かせていたことも共有
しました。

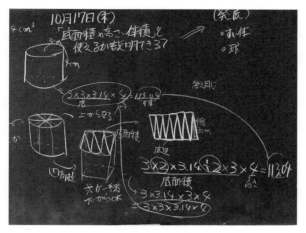

図4　円柱の体積の求め方を個別学習で取り組んだ際，
　　　一斉授業に戻して円柱の体積の求め方を共有した板書

「個別学習を始めたら，一斉授業に戻してはいけない」
「子どもに学びを委ねたら，教師は声をかけてはいけない」
と考えるのではなく，「これは答えを出して終わる学習に
なってしまっている」「このままだと答えを出すこともで
きない」といったことを感じたときは，一斉授業に戻す勇
気も必要です。ただし，**「やっぱりこの子たちに学びを委
ねるのは無理だ」と思うのではなく，「次の学習で，自分
で学習を進められるようにするためにはどうすればよい
か」ということを考えて，一斉授業に戻すとよいでしょう。**

第6章のポイント

❶個別学習の流れ

　1単位時間を前半・後半に分けて，前半は教師から出された問題を解く時間，後半は解いた問題を発展させる時間と想定します。「探究的な学習」という視点で見ると，自ら問題を発展させている後半が「探究的な学習」の意味合いが色濃いですが，大切なことは，前半で解決した問題で働かせた数学的な見方を意識し，後半で発展的な考察をすることです。

❷算数科のめあては，いつも数学的な見方・考え方を　働かせること

　解くのは問題，そして，考えるのは「数学的な見方が今までの学習と同様に働かせることができるのか？　それとも，新しい数学的な見方を働かせるのか？」ということと，数学的な考え方を働かせて根拠を基に筋道立てて考えたり，統合的・発展的に考察したりすることです。

❸「これだけは全員が理解できるようにする」という線

　「これだけは全員が理解できるようにする」という線が，教師から出された問題だと考えています。教師から出された問題については，全員が理解しているかを注意深く見取る必要があります。それ以上のことは，「みんなが同じことをする」「やっていることはすべて全員で共有する」という意識から，教師は解放されるべきではないでしょうか。

第7章
ICTを使った数学的な見方・考え方を働かせるための学習環境のつくり方

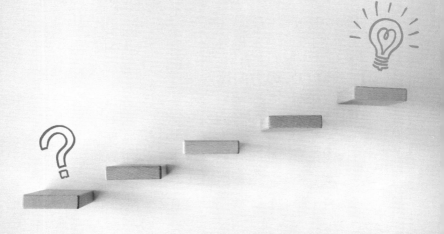

本章では，数学的な見方・考え方を子ども一人一人が効果的に働かせるためのICTの活用方法を，具体的な実践例を通じて紹介します。

　算数科における「探究的な学習」では，子どもが数学的な見方・考え方を働かせて，深い学びを行うことが重要です。そのためには，既習で働かせた数学的な見方を振り返り，学習のつながりを意識できるように学習履歴を残し，すぐに振り返ることができる学習環境を準備しておくことが大切です。

　そのためには，時と場所を越えることができるICTを活用することが有効です。ICTを使うことで，学年や単元を越えた学習の振り返りが可能となり，学習のつながりを意識しやすくなるとともに，これまでの学習で働かせてきた数学的な見方を意識しやすくなるため，解決した問題を発展させるといった「探究的な学習」がしやすくなるのです。

1 教育 DX の方向性

　教育DXとは，教育をアナログからデジタルに切り替えるだけではなく，アナログだけでは実現不可能だったことをデジタルを使って可能にし，学習のあり方をよりよいものに変えていくことを目的としたものです。

　文部科学省（2024）は，教育委員会や学校で教育データ

を利活用する成果として「個別に最適な学びや支援の実現に寄与することが期待される」と述べています。また，デジタル庁・総務省・文部科学省・経済産業省（2022）が策定した教育データ利活用ロードマップにも，教育のデジタル化のミッションとして「誰もが，いつでもどこからでも，誰とでも，自分らしく学べる社会」を掲げています。

　教育 DX は，子どもが「個別最適な学び」を実現するための教育環境を整えることを念頭に進める必要があるということです。「子どもが『数学的な見方・考え方』を働かせながら，習得した知識及び技能を活用すること等を通して，新たな問いをもつ学習」である，算数科における「探究的な学習」においても，不可欠な要素です。

2 数学的な見方·考え方を 働かせるための ICT 実践

(1)数学的な見方の振り返りにおける ICT 活用の有効性

　これまでも再三述べてきた通り，算数科において重要なことは，数学的な見方・考え方を働かせ，数学的活動を，一人一人の子どもが行えるようにすることです。それが，算数科における「主体的・対話的で深い学び」を実現している姿であり，算数科における「探究的な学習」をしている姿と言えるでしょう。それが算数科の本質でもあります。

　そのためには，算数科における「探究的な学習」において，一人一人の子どもが数学的な見方・考え方を働かせや

すい学習環境を整えることも大切です。数学的な見方・考え方を働かせやすい学習環境を整えるためには，様々なことを考える必要があります。そもそも，一斉授業において，数学的な見方・考え方を働かせるような「学び方」が学級全体で共有されていなければ，算数科における「探究的な学習」において，子どもが数学的な見方・考え方を働かせることはできないでしょう。また，いろいろな人と関わることによって，自分では気付けなかったことに気付けることを多くの子どもが経験し，「協働的な学び」が実現しやすい学級であることも大切な条件です。

　そのうえで，算数科における「探究的な学習」において数学的な見方・考え方を働かせやすくするためには，今まで働かせてきた数学的な見方・考え方を想起できることが重要です。特に，学習内容に貼り付いている数学的な見方は，目の前の学習と系統性が強い学習においては，新しい学習をする際の着眼点になりやすく，統合的・発展的に考察する原動力にもなります。

　既習の学習で働かせた数学的な見方を振り返る際，ノートを見返してもよいですが，過去の学習で働かせた数学的な見方を見つけ出すことはかなり難しいでしょう。前学年の学習内容となれば，前学年のノートが手元になければ見つけられません。それは現実的ではないでしょう。また，自分1人ではなく，他の人が働かせた数学的な見方を見ることによって，多くの人が働かせた数学的な見方も確認したいものです。

このように考えると，既習で働かせた数学的な見方を振り返るうえで，**いつでも既習の内容を瞬時に振り返ることのできる ICT の活用はかなり有効**だと考えられます。

　文部科学省（2024）は，教育委員会や学校において教育データを利活用する目的の１つとして，「児童生徒が，自身の学んだ内容や学習状況のデータをもとに，学びを振り返ったり，自分の強みや弱みを踏まえて次の学びにつなげたりできるようになること」を掲げています。算数科における ICT の使い方を考える際，振り返りという活動に使用することは，かなり有効だと考えられます。

(2) 3つの活用方法

　私は図１のように，Teams 上に「算数」「算数黒板写真」「算数着目ポイントまとめ」という３つのチャネルを用意しています。

R6_6年1組

国語黒板写真

今を楽しもう！

算数

算数黒板写真

算数着目ポイントまとめ

図1　Teams に用意されているチャネル

第7章　ICTを使った数学的な見方・考え方を働かせるための学習環境のつくり方　123

３つのチャネルの使い方は以下の通りです。

算数

このチャネルには，主に個別学習中に働かせた数学的な見方を投稿します（問題の解き方や発展した問題を投稿する子どももいます）。

子どもは目の前の問題を解決することを優先するので，「解いたら，着目ポイント（数学的な見方）を投稿してね」と声かけをしておきます。そうすることによって，「問題を解いて終わり」にせず，数学的な見方を意識できるようになります。

数学的な見方を自分では気付くことができなかった子どもにとっては，他の人の投稿を見ながら「こういうことに着目すればいいのか」ということを理解することにもつながります。

子どもの投稿を見て，教師が「みんな，○○という着目ポイントを使っているみたいだね」と実況中継をして，学習を止めることなく数学的な見方を共有したり，一人一人の子どもが数学的な見方を意識できているかを見取ったりしています。

このチャネルは，**主に１単位時間の学習の中で数学的な見方を働かせやすくするためのもの**です。

算数黒板写真

このチャネルには，毎時間の黒板の写真を撮影して投稿します。算数科で用意してある３つのチャネルの中で，一

番稼働率が高いのがこのチャネルです。

　子どもは個別学習のときに，新しい問題に取り組みます。問題を解くことができる子どもは多いのですが，「どんな数学的な見方を働かせたのか？」ということを自覚できる子どもは多くはありません。そこで，前回の学習で働かせた数学的な見方を振り返ることで，「前回と同じ数学的な見方を働かせたのかな？」「今までとは違う数学的な見方を働かせているのかな？」と考えることがしやすくなるのです。そのとき，自分のノートを見ている子どももいますが，黒板の写真を見返す子どもも多いです。

　黒板は，様々な解き方や考え方が時系列で書かれているので，学習のエピソードが思い出しやすいのです。そして，教師がある程度わかりやすくまとめていますし，働かせた数学的な見方を色チョークで残すといったこともできるので，ひと目で「前回の学習で働かせた数学的な見方はこれだな」とわかりやすいのです。そのため，このチャネルは稼働率が高くなります。

　このチャネルは，**主に単元内の数学的な見方のつながりを意識し，昨日と今日，今日と明日の学習のつながりを理解しやすくするためのもの**です。

算数着目ポイントまとめ

　このチャネルには，既習で働かせた数学的な見方を言語化したものを投稿します。言語化された数学的な見方は，単元ごとにまとめてあり，目の前の単元と系統性の近い既

第7章　ICTを使った数学的な見方・考え方を働かせるための学習環境のつくり方　125

習の単元で働かせた数学的な見方をすぐに振り返ることができるようになっています。

　数学的な見方を投稿するのは教師ですが，その基になるのは，一斉授業中に共有した数学的な見方や，個別学習中に「算数」チャネルに投稿された数学的な見方です。一斉授業中に共有した数学的な見方や，個別学習中に「算数」チャネルに投稿された数学的な見方を私が要約して言語化し，投稿しています。

　このチャネルは，既習とのつながりを意識するために重要な役割を担っています。特に，単元の導入場面においては，なくてはならないものです。

　単元の導入においては，問題を解くことで，その単元を通して働かせる数学的な見方を顕在化させることが重要です。数学的な見方を顕在化するためには，目の前の学習と系統性のある既習で働かせた数学的な見方を想起することが必要です。なぜなら，問題を解いて「こういう着目ポイントが使えたね」とするだけでは，既習とのつながりが意識しづらいからです。できれば，「前の学習では〇〇という着目ポイントを使っていて，今回の学習でも同じように使えたから，もっと△△みたいなこともできるかもしれないよ！」と，統合的・発展的に考察して，自ら学習を進めることを期待したいところです。そのためには，既習で働かせた数学的な見方をスクロールしてすぐに見られるようにしておくことがとても大切です。

　このチャネルは，**主に単元を越えた数学的な見方のつな**

がりを意識し，学習のつながりを理解しやすくなるための
ものです。もちろん，単元内の学習のつながりを意識する
うえでも効果的です。

3 6年「分数×÷整数，分数×分数」の実践例

　6年「分数×÷整数，分数×分数」の単元で行った実践
を基に，前述の３つのチャネルを使って数学的な見方・考
え方を働かせていった様子を紹介します。

(1)数学的な見方を顕在化させる
　単元前半の一斉授業でのICT活用

　第１時は一斉授業で行いました。

　１ｍあたり$\frac{3}{7}$kgの棒があります。
　この棒２ｍの重さは何kgでしょうか。

　上の問題を扱って，分数×整数の計算の仕方を考えまし
た。

　ここで大事なのは，**単元を通して働かせる数学的な見方
を顕在化すること**です。１つの単元で働かせる数学的な見
方は１つではありませんが，分数×÷整数の計算の仕方を
考えた後は，分数×分数の計算の仕方を考えます。そして，
次の単元では分数÷分数の計算の仕方を考えます。それら

第7章　ICTを使った数学的な見方・考え方を働かせるための学習環境のつくり方　127

の計算の仕方を通して最も働かせるのは「整数にする」という数学的な見方です。「整数にする」ことで，既習の乗除計算に基づいて計算することができるからです。

そのために，まず既習のかけ算を想起しました。整数×整数，小数×整数，小数×小数のかけ算を学習してきました。直近のかけ算の学習は，5年生の小数のかけ算です。そこで，5年生のときの小数のかけ算で働かせた数学的な見方をまとめた「算数着目ポイントまとめ」チャネルを振り返りました。

図2は5年生のときの着目ポイントのまとめです。この中の【小数のかけ算】の単元に書かれている着目ポイント（数学的な見方）を振り返り，「小数のときもそのままではできなかったけれど，整数にするとできた」というエピソードをみんなで思い出し，「分数×整数でも『整数にする』という数学的な見方が使えるのではないか？」という話をして，数学的な見方を顕在化していきました。

【比例】
・もとにする量を考える
・片方（□）が2倍，3倍，4倍…となると，もう片方（○）も2倍，3倍，4倍，…となる時，□と○は比例していると言います。
・関係を見つける時は，表や式に表す。
【小数のかけ算】
・かけ算のもとになっているのは，比例関係。
・基準量×倍＝比較量（これからのかけ算の意味）
・小数のかけ算は，整数にするとできる（今までのやり方に戻す）小数を整数に戻す。
・かけ算の法則（交換法則，結合法則，分配法則）は，整数で確かめてから，小数でも確かめる。その時，簡単な数で確かめる。
【小数のわり算】
・基準量×倍＝比較量・まずは，かけ算にしてから，わり算にする。（わり算はかけ算の逆）
・小数のかけ算と同じようには，整数にするとできる（今までのやり方に戻す）小数を整数に戻す。
【小数の倍】
・基準量×倍＝比較量・基準量や倍を求めるのがわり算，比較量を求めるのがかけ算

図2　5年時に Teams に投稿された「算数着目ポイントまとめ」

第2時は,「2mで$\frac{4}{7}$kgの棒があります。この棒1mの重さは何kgですか」という問題を用いて,分数÷整数の計算の仕方を考えました。第3時では,分数×÷整数を他の数でも試して一般化を図りました。そのうえで,第4時で分数×分数の計算の仕方を考えました。

　第4時で分数×分数の計算の仕方を一斉授業で共有しましたが,1単位時間の一斉授業で全員が理解することは難しいです。一斉授業では,自分で考えられた子どもや,説明をした子どもは理解できる可能性が高いですが,**聞いているだけになってしまった子どもは「わかったつもり」になってしまっていることも多い**です。

　そこで,第5時では,数値を変えて,全員が分数×分数の計算の仕方を考える時間にしました。そのときに役立ったのが「算数板書写真」です。図3は第4時の「算数板書写真」です。

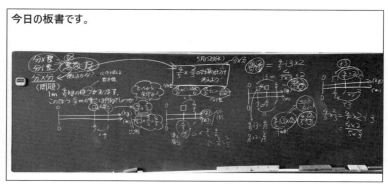

図3　「算数板書写真」に投稿された第4時の板書

板書には，数学的な見方だけでなく，分数×分数の計算の仕方を考える方法も載っています。算数が苦手な子どもは，黒板に書かれていることをすべて書き写すことが難しかったり，写したとしても，不完全な写し方をして，「どうやっているのか」という肝の部分が抜け落ちてしまっていることがあります。板書は教師が意図的に書いているので，解き方も数学的な見方もわかりやすく残すことができます。特に，算数が苦手な子どもにとって，「算数黒板写真」は，前の学習の学習履歴を振り返るうえで有効な手段となっているようです。ですから，**子どもが振り返ることを想定して板書しています。**

(2)数学的な見方・考え方を働かせる
個別学習での ICT の利用

単元が進み，第9時では前半を一斉授業，中盤からは個別学習にしました。学習内容は「分数×分数においても，交換法則，結合法則，分配法則は使えるのか？」というものです。授業の前半は一斉授業にして，$\frac{1}{2} \times \frac{2}{3}$を用いて，交換法則が使えるのかを確認しました。このとき，$\frac{1}{2} \times \frac{2}{3}$で答えを出してみて，次に$\frac{2}{3} \times \frac{1}{2}$をして，答えが同じであれば交換法則が使えるということを全体で共有しました。そのうえで，分数×分数でも結合法則と分配法則が使えるのかを考えることを，個別学習で確かめました。

次ページの図4は，個別学習中に「算数」チャネルに投稿されたものです。上の子どもはテキストで投稿して，下

の子どもは自分のノートを写真に撮って投稿しています。どちらの投稿も「どういったことに着目して，分数×分数でも結合法則と分配法則が使えるのかを確かめたのか」という数学的な見方について書かれています。

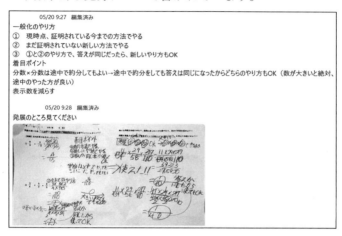

図４　個別学習中の「算数」チャネルへの投稿

　ちなみに，個別学習のときも，子どもたちが「算数」チャネルに投稿した数学的な見方をまとめて言語化したことや，解き方，発展した問題などを板書するようにしています。それは，個別学習中に数学的な見方を意識できなかったり，解決した問題の発展の仕方がわからなかったりする子どものヒントになるとともに，**黒板に書いておけば「算数黒板写真」チャネルに子どもが投稿してくれるので，学習履歴として残すことができるから**です。

(3) 単元終了後の「算数着目ポイントまとめ」チャネル

> 【分数×÷整数、分数×分数】
> ・整数にする（分数や小数の計算において、この着目ポイントはいつも使う！）
> →そのために「1／〇のいくつ分」や「a÷b＝a／b」を使う
> ・一般化する時のポイント！「問題の数値を使う」具体的（数直線に落とす）に考える」
>   一般化するのは「いつでも同じ方法でやりたい！」という発想。これは超大事！
> →そして、整数にして、分数×整数や分数÷整数を使って一般化する！
> ・すでに一般化されている方法で確かめる。そして、新しい方法でやってみる。答えが同じなら、新しい方法が使える。
> ・分数、小数、整数が混ざった計算は、全て分数に直す。なぜなら、小数も整数も分数にできるから。

図5　「分数×÷整数，分数×分数」の単元後の
「算数着目ポイントまとめ」チャネル

　図5は「分数×÷整数，分数×分数」の単元が終わった後の「算数着目ポイントまとめ」チャネルです。このように，働かせた数学的な見方を単元ごとに言語化してまとめておくと，**将来の学習で，系統が近い学習に出合ったときにすぐに振り返ることができます。**「分数×÷整数，分数×分数」で働かせた数学的な見方は，すぐ次の単元の「分数÷分数」で働かせることができるので，「分数÷分数」の単元では，ここに書かれている数学的な見方を振り返って働かせる子どもの姿が多く見られました。

4 単元末の振り返りにも効果的

　次ページの図6と図7をご覧ください。これらの写真は，「算数板書写真」と「算数着目ポイントまとめ」のチャネルを見ながら単元（この写真は，6年「円の面積」の単元）の振り返りを行っている子どもの様子です。

　単元末の振り返りをする際，過去の学習を思い出して書

図6 「算数黒板写真」チャネルを見ながら
単元の振り返りをする子どもの様子

図7 「算数着目ポイントまとめ」を見ながら
単元の振り返りをする子どもの様子

ける内容というのは限られています。そこで，まずは「算数板書写真」と「算数着目ポイントまとめ」のチャネルを見て，単元の振り返りをする子どもが多いです。単元の学習を思い出すだけでは，しっかりとした単元の振り返りはできません。どんな数学的な見方を働かせてきたのかを振り返るとともに，働かせた数学的な見方を具体的な問題場面と照らし合わせながら振り返るのです。そうすることで，**形式的な言葉や公式だけでなく，具体的な問題場面と働かせた数学的な見方を関連付けて振り返ることができるので**す。

5 「ICT を使った投稿＝共有できている」 ではない

ICT の活用は，学習履歴を残し，振り返る際に，とても有効な手段です。今まではノートや掲示物に頼っていたため，どうしても限られた範囲内での振り返りになっていたと感じています。それが，ICT を活用することによって，単元を越え，学年を越えても学習履歴が残り，振り返ることが容易になりました。1単位時間の学習においても，より多くの子どもの思考が見られるようになり，たくさんの情報を得ることができるようになりました。

しかし，肝に銘じておきたいことは「ICT を使った投稿＝共有できている」ではないということです。

問題の解き方を ICT を使って投稿して，お互いの解き

方を共有するという場面を想定してみると，多くの場合は，算数が得意な子どもが早く解決して投稿するでしょう。算数が得意な子どもが投稿し終わるころ，算数が苦手な子どもはまだ問題を解いている最中です。それどころか，だれかの助けを求めたいと思っている段階の子どもが多いかもしれません。だから，投稿された自分以外の解き方を見る余裕があるのは，算数が得意な子どもだけになってしまっている可能性があります。

また，時間的な余裕があったとしても，何十という投稿から共通点や相違点を見つけられる子どもは多くはないかもしれません。

ICT を使って投稿された様々な解き方を見比べることにより，統合的・発展的に考察することができる子どももいますが，そうでない子どももいるということは忘れてはいけません。それは，本章で紹介した使い方も同様です。隣の子どもと話した方が，自分と他の人の解き方を比べることがしやすい子どももいます。目の前で書かれている黒板を見た方が理解しやすい子どももいます。だから，**「ICT を使えば数学的な見方は共有される」と思わず，子どもが学習しているそばに近寄って，「どんな着目ポイントが使えた？」「次はどんなことができそう？」と，数学的な見方・考え方が働くような声かけをすることは忘れないでほしい**と考えています。

第7章　ICTを使った数学的な見方・考え方を働かせるための学習環境のつくり方　135

6 算数科における ICT 活用の方向性

算数科の本質とは，数学的な見方・考え方を働かせて学習を進めることだと考えていますが，問題を解決できるタイミングが人それぞれである以上，1単位時間の学習において，子どもが数学的な見方・考え方を働かせる場面が異なるのは当然です。よって，1単位時間の学習の中でのICT の使い方を考えているだけでは，算数科においてICT 活用の成果を得るには不十分だと考えています。

1単位時間でのICT を使った実践としては，解決方法をリアルタイムに共有したり，AI ドリルを使用して各自で習熟を図ったりするものがあるでしょう。本章3（2）の「数学的な見方・考え方を働かせる個別学習でのICT の活用」もその1つです。これからも，1単位時間でのICTを活用した実践の可能性を探っていくことは重要です。同時に，本章3（1）「数学的な見方を顕在化させる単元前半の一斉授業でのICT 活用」や3（3）「単元終了後の『算数着目ポイントまとめ』チャネル」のような，**単元全体や学年を越えて「次の学びにつなげる」ことを意識したICT 活用の可能性を探っていくことも重要**です。なぜなら，教育DX とは「個別に最適な学びや支援の実現に寄与することが期待される」（文部科学省，2024）ものであり，「誰もが，いつでもどこからでも，誰とでも，自分らしく学べる社会」（デジタル庁・総務省・文部科学省・経済産業省，2022）を実現するためのものだからです。

算数科を学ぶのであれば，ICT を活用することで，1人でも多くの子どもが算数科の本質に迫るような学習を行えるようにすることを目指すべきでしょう。振り返り場面においても，振り返りの仕方をアナログからデジタルに変えるだけでなく，1人でも多くの児童が，数学的な見方・考え方を働かせて学習するという，算数科の本質に迫る学習を行えるような学習環境を整えることを目指していくことが重要なのです。その学習環境が整い，日常的に数学的な見方・考え方を働かせる経験を積み重ねることが，算数科における「探究的な学習」の土台となります。

【第7章　参考・引用文献】
・文部科学省（2024）「教育データ利活用の実現に向けた実効的な方策について（議論のまとめ）」p. 2
・デジタル庁・総務省・文部科学省・経済産業省（2022）「教育データ利活用ロードマップ」p. 5

第7章のポイント

❶既習の内容を振り返るためには ICT が有効

いつでも既習の内容を瞬時に振り返ることのできる ICT の活用は，振り返りの活動にはかなり有効です。

❷「ICT を使った投稿＝共有できている」ではない

ICT を使って投稿された自分以外の解き方を見る余裕があるのは，算数が得意な子どもだけになってしまっている可能性があります。また，時間的な余裕があったとしても，何十という投稿から共通点や相違点を見つけられる子どもは，多くはないかもしれません。だから，「ICT を使えば数学的な見方は共有される」と思わず，子どもに「どんな着目ポイントが使えた？」「次はどんなことができそう？」と，数学的な見方・考え方が働くような声かけをすることは忘れないようにしたいものです。

❸算数科における ICT 使用の方向性

単元全体や学年を越えて「次の学びにつなげる」ことを意識した ICT 活用の可能性を探っていくことが重要です。算数科では，1人でも多くの児童が，数学的な見方・考え方を働かせて学習をするという算数科の本質に迫れるような学習環境を整えることを目指していくことが重要です。その学習環境が整い，日常的に数学的な見方・考え方を働かせる経験を積み重ねることが，算数科における「探究的な学習」の土台となります。

第8章
算数科における「探究的な学習」の学習評価

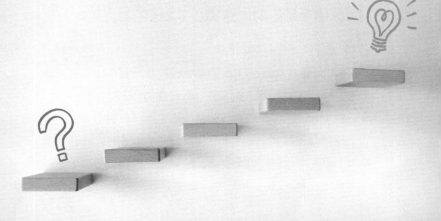

本章では，算数科における「探究的な学習」の評価について述べます。これまで述べてきたように，算数科における「探究的な学習」でも，数学的な見方・考え方を働かせることが重要です。よって，算数科における「探究的な学習」の評価では，数学的な見方・考え方が働いているかどうかを見取る必要があります。

子どもが「探究的な学習」をしている際，数学的な見方・考え方を働かせているかを見取るためには，子どもが学習で働かせるべき数学的な見方・考え方を把握しておく必要があります。特に，学習内容に貼り付いている数学的な見方については，教材研究を踏まえ，理解しておく必要があります。

数学的な見方・考え方を踏まえた学習評価の具体的な方法について，以下に述べていきます。

1 評価をする前に意識しておくこと

(1)学習評価をする際の意識

「学習評価とは何か？」と聞かれると，明確に答えるのは難しいです。石井（2024a）が「『評価』とは，教育という目標追求活動における部分活動であり，教育の過程，条件，成果などに関するさまざまな情報を収集し，それを目標に照らして価値づけを行い，教育活動の調整・改善を行う活動と定義することができます」と述べている通り，

様々な教育活動を目標に照らし合わせて価値付けを行い、修正・改善を行う活動だということは言えるでしょう。**子どもの成績を付けるためだけに行うものではなく、教師の指導の在り方や、子どもの学習を修正・改善するためのものでもある**ということです。

「様々な教育活動」とあるように、評価は対象となる変数がかなり多く、「じゃあ、どうすればいいの？」という教師の疑問につながりやすいように感じます。その疑問を解決するヒントになるかはわかりませんが、本章では私自身が行っている具体的な学習評価の方法を提示します。

「『指導と評価の一体化』のための学習評価に関する参考資料　小学校算数」（国立教育政策研究所、2020）の「第1章　平成29年改訂を踏まえた学習評価の改善／1　はじめに」では、以下のように示されています。

　学習評価は、学校における教育活動に関し、児童生徒の学習状況を評価するものである。答申にもあるとおり、児童生徒の学習状況を的確に捉え、教師が指導の改善を図るとともに、児童生徒が自らの学びを振り返って次の学びに向かうことができるようにするためには、学習評価の在り方が極めて重要である。（下線は筆者加筆）

ここでも、学習評価は「児童生徒の学習状況を評価するもの」ではありますが、子どもの学習の状況を把握し、次の指導の改善に生かすために行うことが重要だということ

第8章　算数科における「探究的な学習」の学習評価　141

が述べられています。まさに「指導と評価の一体化」のためのものだということです。言い古されたことではありますが，まずは，この意識が大事だと考えています。

(2)単元を通した評価の重要性

　数学的な見方・考え方を働かせているかどうかを見取るためには，単元を通して学習評価を積み重ねていく必要があります。第3章で示した，私なりの数学的な見方・考え方の捉え方を，再度以下に示しておきます。

> **●数学的な見方**
> 　問題を解いたり，まとめたり（統合），高めたり（発展），学習の目的を自覚したりするための着眼点
>
> **●数学的な考え方**
> 　根拠を基に筋道立てて考えたり，まとめたり（統合），高めたり（発展）するといった思考方法

　数学的な見方・考え方は，問題を解くためだけでなく，既習との共通点を見つけたり，見つけた共通点を使って問題を発展させたりして，学習をつなげていくために働かせるものです。ですから，**数学的な見方・考え方が働かせられているかどうかを見取るためには，単元を通して学習評価を積み重ねていく必要がある**のです。

　「『指導と評価の一体化』のための学習評価に関する参考

資料　小学校算数」（国立教育政策研究所，2020）の「第
１章　平成29年改訂を踏まえた学習評価の改善／２　平
成29年改訂を踏まえた学習評価の意義／（１）学習評価の
充実」にも「単元や題材など内容や時間のまとまりを見通
しながら，児童生徒の主体的・対話的で深い学びの実現に
向けた授業改善を行うと同時に，評価の場面や方法を工夫
して，学習の過程や成果を評価することを示し，授業の改
善と評価の改善を両輪として行っていくことの必要性を明
示した」（下線は筆者加筆）と示されており，１単位時間
ではなく，単元や題材のまとまりで評価することの重要性
が述べられています。

2 数学的な見方・考え方を軸にした 評価規準の作成

(1)評価規準を理解する

　数学的な見方・考え方が働いているのかを見取るために
は，評価規準が必要です。小学校学習指導要領の算数科の
目標の最初の一文に「数学的な見方・考え方を働かせ，数
学的活動を通して，数学的に考える資質・能力を次のとお
り育成することを目指す」（文部科学省，2017a）と書かれ
ている通り，数学的な見方・考え方は，「知識・技能」「思
考・判断・表現」「主体的に学習に取り組む態度」の３観
点の学習評価すべてに関わります。ですから，「数学的な
見方・考え方が働いている姿とは，どんな姿なのか？」と

いうことを，3観点別に言語化する必要があるわけです。

　ここで重要になるのが，先述のように「数学的な見方・考え方が働かせられているかどうかを見取るためには，単元を通して学習評価を積み重ねていく必要がある」ということです。そのために，まずは単元全体の評価規準を作成します。そのうえで，各時間の評価規準を作成します。**「単元が終わったときに，こういう力が身に付いていてほしいな」という姿を想像してから，「そのために，目の前の1単位時間でどんな力を身に付けさせたいのか」を考える**ということです。

(2)肩肘張らず，教科書の教師用指導書を参考にする

　単元全体の評価規準を作成する必要があると言われても，自分で0からつくることはかなり難しいと思います。そこで，教科書の教師用指導書（朱書編）を参考にしましょう。もちろん，最終的には各学校の子どもの実態を基に評価規準がつくられるのが理想ですが，そのためには，教材研究を積み重ねたり，子どもの実態を把握したりすることにかなりの年月を要します。それらを基にいわゆるルーブリックを作成するわけですが，**ルーブリックは「つくって終わり」ではなく，各学校の子どもの実態に応じて，修正・改善をし続けるもの**です。

　ルーブリックを作成するかどうかにかかわらず，評価規準は必要です。まずは，教科書の教師用指導書に書かれている評価規準を参考にしましょう。各学校の子どもの実態

は含まれていないので，そのまま使えるかはわかりません
が，様々な人が関わって作成されているものなので，学習
内容からずれた評価規準になっていることはないでしょう。
むしろ，教材研究が不十分な状態で評価規準を作成するよ
りも，間違いは少ないでしょう。

　教科書の朱書の評価規準を見たら，そこから単元を通し
て働かせる数学的な見方を言語化してみます。例えば，6
年「対称な図形」の学習の評価規準（教育出版，2024）を
見てみましょう。

■ 単元の目標と評価規準

○対称な図形について理解し，対称性といった観点から図形の性質を考察したり，線対称な図形や点対称な図形の構成のしかたを考えたりする力を身につける。また，その過程において，多面的に捉え検討してよりよい方法を粘り強く考える態度や，学習したことを生活や学習に活用しようとする態度を養う。　【学習指導要領との関連　B（1）ア（イ），B（1）イ（ア）】

・対称な図形について理解し，線対称な図形や点対称な図形を作図することができる。（知識・技能）
・図形を構成する要素及び図形間の関係に着目し，構成のしかたを考察したり図形の性質を見いだしたりしているとともに，その性質をもとに既習の図形を捉え直したり日常生活に生かしたりしている。（思考・判断・表現）
・対称な図形について，数学的に表現・処理したことを振り返り，多面的に捉え検討してよりよいものを求めて粘り強く考えたり，数学のよさに気づき学習したことを生活や学習に活用しようとしたりしている。（主体的に学習に取り組む態度）

**図1　教科書の教師用指導書に書かれている
6年「対称な図形」の学習の評価規準**

　3つの評価規準のうち，数学的な見方を言語化する際は，
主に「思考・判断・表現」の観点の内容を読み，「思考・
判断・表現」の評価規準に書かれている子どもの姿を想像
し，そのために働かせる数学的な見方を言語化します。

　その結果，6年「対称な図形」の単元の学習で働かせる
数学的な見方を，次ページのように言語化しました。

第8章　算数科における「探究的な学習」の学習評価　145

「対応する辺の長さ」「対応する角の大きさ」「対応する頂点」「対称の軸」「対称の中心」

「図形を構成する要素及び図形間の関係に着目する」ためには，5年生で学習した合同の学習とのつながりを意識しながら，「対応する辺の長さ」「対応する角の大きさ」「対応する頂点」といった数学的な見方を働かせる必要があります。

　数学的な見方を言語化するときは，子どもが理解できる言葉で言語化することが大事です。そして，**なるべく単元を通して働かせられるような言葉にするとよい**です。そうすると，「前も同じだったね」「だったら，こんなこともできるかもね」と統合的・発展的に考察しやすく（数学的な考え方が働きやすく）なります。

(3)数学的な見方を言語化したら，教科書を見て
1単位時間の子どもの姿を想定する

　数学的な見方が言語化できたら，次は教科書を見てみましょう。1時間目から見ていって，言語化した数学的な見方がどこまで働かせられるか考えてみましょう。

　数学的な見方は，単元を通してずっと変わらない場合もあれば，単元の途中で変わる場合もあります。そこで，教科書の教師用指導書に示された評価規準を見て数学的な見方を言語化して終わりにせず，**教科書を見て「この時間の**

学習では，この数学的な見方を働かせているんだな」「この時間の学習からは，働かせる数学的な見方が変わるな」といったことを見極め，１単位時間で数学的な見方を働かせる子どもの姿を想定しておくのです。

また，単元を通して数学的な見方は成長していくものなので，「ここでこんな数学的な見方も肉付けされるかな？」ということも考えてみるとよいでしょう。

(4) A評価の子どもを見つける

ここまできたら，授業に臨みます。まずは，A評価の子どもを見取ります。「えっ，理解できていない子どもを見つけるのではないの？」と思うかもしれません。

A評価の子どもの姿とは，「その単元で働かせるべき数学的な見方を働かせ，数学的な考え方を働かせて，既習の学習との共通点を統合的に考察したり，解決した問題を基に発展的に考察したりする」姿です。数学的な見方を働かせているだけでなく，根拠を基に筋道立てて考えたり，統合的・発展的に考察したりする数学的な考え方も働かせられているかどうかも大切です。

授業で数学的な見方・考え方を働かせられているかどうかを見取るということは，主に「思考・判断・表現」観点の学習評価を通して見取るということです。ですから，A評価というときは，「思考・判断・表現」観点の学習評価がA評価ということになります。

毎時間，A評価の子どもを見つけて名簿に○印を付けて

第8章　算数科における「探究的な学習」の学習評価　147

いけば，自然とＡ評価ではない子どもが浮かび上がってきます。それに気付けば，次の授業で支援したり，声かけしたりする子どもも浮かび上がってきます。まさに「指導と評価の一体化」につながるのです。

　毎日続けることを考えると，毎時間のＡ評価の子どもの名簿に○を付ける程度のことが精一杯でしょう。もし可能であれば，特徴的なことをしていた子どもの様子をメモに残せばよいと思います。

　我々教師は，どうしても算数が苦手な子どもに目を向けがちです。それは正しいことです。私もまず声をかけ，解き方を教えるのは，解くことに困っている子どもです。しかし，同じように，Ａ評価の子どもにも苦慮していないでしょうか。Ａ評価の子どもたちに何をしてあげればよいのかわからないので，「解いたら遊んでしまう」という状況が生まれ，どうしたらよいのかわからなくなってしまう。だから，**Ａ評価の子どもを見つけて，どんなことをやっているのかを把握し，「今，何をやっているの？」「できたら教えてよ」「次は，どんなことできそう？」と声をかけ，どんどん自分たちで「探究的な学習」を進めるために背中を押してあげる**のです。

(5)数学的な見方は学習指導要領の解説に書いてある

　ここまで順番に述べてきましたが，現実的にこれを全単元でやることは難しいと思います。全教科，全時間行うとなると至難の業です。ですから，やれる範囲でやります。

大切なのは無理のない範囲で続けることです。

　ただ，1つだけ必ずやった方がよいと考えていることがあります。**単元を通して働かせる数学的な見方を言語化すること**です。これができていれば，評価規準を細かくつくらなくても，「こういう姿をしている子どもにできればいいんだな」と考えて指導できますし，「探究的な学習」をしていても，数学的な見方・考え方を働かせられているかどうかを見取りやすくなります。

　そのために，肩肘張らずに教科書の教師用指導書を参考にすることを述べましたが，時間があったら，『小学校学習指導要領（平成29年告示）解説　算数編』を読むことをおすすめします。学習指導要領の解説を読むことはハードルが高く，「読んでもわからない」と思われるかもしれませんが，実はそんなことはないのです。

　例えば，6年「対称な図形」の「思考力・判断力・表現力等」の内容には，「図形を構成する要素に着目し，図形の性質を見いだすこと」（文部科学省，2017b）と書かれていて，その説明として，「一本の直線に対して両側にある，対応する点，対応する辺の長さ，対応する角の大きさが同じであるかどうかに着目することは，図形の性質（線対称）を見いだすための一つの着眼点となる」「ある1点を中心に180度回転させたとき，対応する点，対応する辺の長さ，対応する角の大きさが同じであるかどうかに着目することが，図形の性質（点対称）を見いだすための一つの着眼点となる」（文部科学省，2017b）と書かれてい

ます。これは、先述の「対称な図形」の単元で働かせる数学的な見方そのものです。実は、学習指導要領の解説（算数編）には、各学習内容で働かせるべき数学的な見方が詳しく書かれています。そして、**働かせるべき数学的な見方の具体例まで書かれている**のです。

「知識・技能」観点に関することも書かれているので、あまり構えずに一読いただければと思います。私が教材研究で一番参考にするのも、学習指導要領の解説です。

3 学習評価の実際

(1) ノートから見取る子どもの学習評価

次ページの図3は、ある子どもが個別学習で点対称な図形の作図の仕方を考えた際のノートです。下の図2の〈作図に使った着目ポイント〉と書いてある部分に、働かせた数学的な見方が言語化されています。

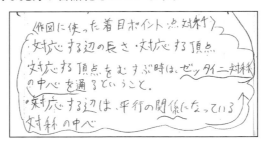

図2　点対称な図形の作図をした際に働かせた
　　　数学的な見方を書いた子どものノート

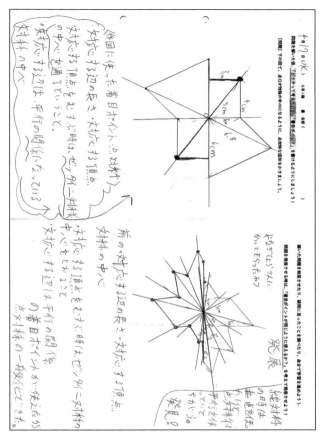

図3　個別学習で点対称の作図の仕方を考えた際の子どものノート

　さらに，解いた問題を発展させて，右ページには他の形の点対称な図形を作図しています。そして，1問目で働かせた数学的な見方を同様に働かせることができていることや，「線対称の時は垂直を使ったけど，点対称は平行を使

第8章　算数科における「探究的な学習」の学習評価　151

っていてちがう。発見！」（原文ママ）と書かれています。この子どもは「対称な図形」で働かせるべき数学的な見方を働かせるとともに，線対称な図形と点対称な図形の作図の共通点や相違点を考える（数学的な考え方を働かせている）ことができています。こういった子どもは，A評価となるわけです。

(2)一番大事な学習評価は子どもに説明してもらうこと

　ノートというのは，子どもの思考が残っているものだと思いますが，子どもの思考はノートだけだと見取れないと考えています。なぜなら，他の人のノートや黒板に書かれていることを写しているだけのこともあるからです。反対に，試行錯誤を繰り返し，まわりの人と議論をし続けた子どものノートは，学習中に数学的な見方・考え方を働かせていたとしても，何も残されていないことも多々あります。

　一番大事な学習評価は，子どもと会話をして，数学的な見方・考え方を働かせられているのかを見取ることだと考えています。

　先述の６年生の点対称な図形の作図の仕方を考える学習であれば，「点対称な図形を作図するとき，どんなことに気を付けたの？」「そのとき，『対応する辺の長さ』『対応する角の大きさ』『対応する頂点』『対称の軸』『対称の中心』の着目ポイントのうち，どれを使った？」「着目ポイントは，作図するときのどこで使ったの？」と聞いて，数学的な見方を働かせられたかどうかを子どもに説明しても

らうのです。

　説明してもらったら，「次はどんな問題ができそう？」と聞いて，発展的に考察させ，「探究的な学習」を促します。自分でつくった問題が解けた子どもには，「１問目の問題を解けたときと同じ着目ポイントは使えた？」と統合的に考察することを促すとともに，数学的な考え方が働かせられているかを子どもに説明してもらいます。

　これも「１時間の中で全員に声をかけて見取らなければならない」と思わないようにしましょう。できる範囲でよいのです。**１日に10名程度に声をかければ「よし」としましょう。**そうすれば，おおよそ３日でひと通り声をかけられます。慣れてくれば，もっと多くの子どもに声をかけられるようになるでしょう。「全員に説明してもらおう」としてしまうと，一人一人の見取りが薄まってしまい，「手間だけかかって，子どもは見取れていない」という状態になってしまいます。**１単位時間で全員を見取らないかわりに，「毎日続けて，学習評価を貯めていく」という意識が重要**です。数時間経過して，Ａ評価の子どもに○を付けた名簿を見返したとき，「この子どもはよくできていたな」「この子どもが学習していることをもっと見取らないといけないな」と思えればよいのです。

(3)単元末の「探究的な学習」の学習評価

　単元末の「探究的な学習」においても，(1)(2)とやっていることは特に変わりません。例えば，図４のノートを

第８章　算数科における「探究的な学習」の学習評価　153

見てください。これは，ある子どもが単元末の「探究的な学習」で書いたノートです。

探究した内容は，「なぜ正偶数角形は点対称な図形になって，正奇数角形は点対称な図形にならないのか」というものでした。単元を通して働かせてきた「対応する頂点」という数学的な見方を働かせ，正偶数角形と正奇数角形のそれぞれの共通点を統合的に考えています。

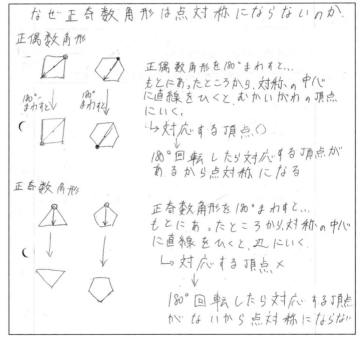

図4　単元末の「探究的な学習」で子どもが書いたノート

しかし，**単元末の「探究的な学習」は，各自が「もっと考えたい！」という内容について探究しているので，単元を通して働かせてきた数学的な見方を働かせるとは限りません。**

 例えば，図5のノートは，6年生の比の単元末の「探究的な学習」の時間に子どもが書いたノートです。簡単な比にするために，2つの数の最大公約数の見つけ方について探究した子どものノートです。

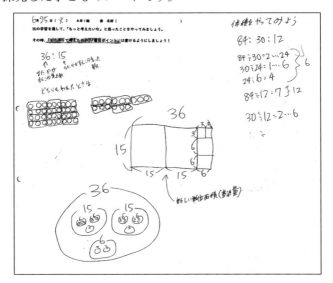

図5　約数の見つけ方を探究した子どものノート

 2つの数の約数の見つけ方を探究し始めたのは，この子どもが「18：27を簡単な比にするときは，27−18をすれば，わる数が見つかる」という話をまわりの子どもとしていた

のを私が聞いて，「本当に？」と声かけしたことがきっか
けでした。そして，私から「どんな数の比でも使える
の？」と問いかけたところ，36：15ではどうなるのかを考
え始めたのです。

　探究が始まると，あまりにも悩むので，まわりの子ども
が寄ってきて，「何考えているの？」と興味をもち始め，
一緒に考えていました。

　図をかいたり，議論したりしていたのですが，なかなか
解決の糸口が見つからなかったので，私から「『ユーグリ
ッドの互除法』って知っている？」と声をかけました（こ
こではユーグリッドの互除法の解説は割愛します）。「知ら
ない」と言うので，「インターネットで調べてみるといい
よ」とだけ声をかけ，他の子どものところに移動しました。

　数分後，この子どものところに戻ってみると，ノートの
真ん中に長方形の図がかかれていて，ユーグリッドの互除
法について考えた跡が残されていました。感心したのは，
右上の「体積をやってみよう」と書かれた部分です。この
子どもは，ユーグリッドの互除法の理解で終わらず，「ユー
グリッドの互除法は，３つの比でも同じようにできるの
か？」と考えていました。時間がなくて，十分な理解まで
到達していなかったようですが，これこそ算数科における
「探究的な学習」をする姿だと感じました。

　このように，単元末の「探究的な学び」の場合，単元を
通して働かせてきた数学的な見方（比の単元で働かせてき
た主な数学的な見方は「基準量・比較量」や「基準量と比

較量の比例関係」など）が働かないことを探究する子どももいます。こういった場合は，**「根拠を基に筋道立てて考えたり，統合的・発展的に考えたりしているか（数学的な考え方が働いているか）どうか」という視点で評価する**とよいでしょう。

(4)単元末の振り返りの学習評価

下の図6のノートは，対称な図形の学習の単元末の振り返りの一部です。ここでは，単元を通して働かせてきた数学的な見方が書かれているかがポイントです。

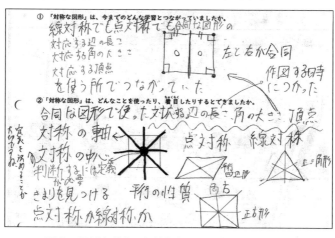

図6　子どもが書いた対称な図形の単元の振り返り

私は，1単位時間を使って単元の振り返りを書かせています。まずは自分で書いてみて，書き終わったら他の人と意見交流をして書き加えていくことも止めていません。個

別学習と同じ学習環境です。

単元の振り返りのノートを見る際は，働かせてきた数学的な見方が言葉で書かれているだけでなく，「どんな場面で働かせたのか？」ということや，図や式もあわせて書かれていることが大切です。例えば，図6のノートであれば，合同な図形とのつながりが図を使って説明されていて，「対応する辺の長さ」「対応する角の大きさ」「対応する頂点」という数学的な見方を「作図する時につかった」と書かれています。数学的な見方を言語化すると，どうしても言葉だけを覚えているだけの子どももいます。振り返りに限らずですが，普段から，**数学的な見方を働かせているかを見取るときは，具体的な問題場面で「どこで働かせたのか？」を説明させることを忘れないようにしなければなりません。**

単元の振り返りのときも，できるだけ子どもに声をかけて，子どもの説明を聞くようにすることを大切にしましょう。

4 「知識・技能」と「主体的に学習に取り組む態度」の学習評価

これまで述べてきた通り，数学的な見方・考え方が働いているかどうかを見取る場合は，「思考・判断・表現」観点で学習評価を行うことが適していると考えています。よって，「探究的な学習」で見取る主な観点は，「思考・判

断・表現」でよいと考えています。

　この点を踏まえて，他2つの観点を私がどのように見取っているかを以下に述べていきます。

(1)「知識・技能」の学習評価

　「『指導と評価の一体化』のための学習評価に関する参考資料　小学校算数」（国立教育政策研究所，2020）の「第1章　平成29年改訂を踏まえた学習評価の改善／4　平成29年改訂学習指導要領における各教科の学習評価」では，以下のように述べられています。

　「知識・技能」の評価は，各教科等における学習の過程を通した知識及び技能の習得状況について評価を行うとともに，それらを既有の知識及び技能と関連付けたり活用したりする中で，他の学習や生活の場面でも活用できる程度に概念等を理解したり，技能を習得したりしているかについても評価するものである。（下線は筆者加筆）

　主な学習評価として，「①ちゃんと知識及び技能が身に付いているか」というところと，「②身に付けた知識及び技能が使えているか」というところの2点を見取ることが大事だと考えています。

　①については，単元ごとにペーパーテストで見取っています。使用しているのは，教科書の教師用指導書についている単元ごとの確かめプリントです。知識及び技能が身に

付いていなければ，新しい知識を創り出したり，解決方法を考えたりすることもできないので，知識及び技能を定着させるのは重要なことです。ただし，本書の最初に述べたように，今後，どこまで知識及び技能をインプット・アウトプットする力が必要になるかは疑問ではあります。立式する力は必要だと思いますが，計算を100％正確にできる力がどこまで必要かは，今後検討すべきでしょう。

②については，学習中に見取ることしかできないと考えています。子どもに声をかけて，解き方を説明してもらう際に，言葉を正しく使えていたり，計算や公式が使えていたりするかを見取るようにしています。ただし，この②も1単位時間で全員を見取るようなことはせず，「事あるごとに見取る」くらいの気持ちで，無理なく見取るようにしています。

(2)「主体的に学習に取り組む態度」の学習評価

「『指導と評価の一体化』のための学習評価に関する参考資料　小学校算数」（国立教育政策研究所，2020）の「第1章　平成29年改訂を踏まえた学習評価の改善／4　平成29年改訂学習指導要領における各教科の学習評価」では，以下のように述べられています。

「主体的に学習に取り組む態度」の評価に際しては，単に継続的な行動や積極的な発言を行うなど，性格や行動面の傾向を評価するということではなく，各教科等の『主体

的に学習に取り組む態度』に係る観点の趣旨に照らして，知識及び技能を習得したり，思考力，判断力，表現力等を身に付けたりするために，自らの学習状況を把握し，学習の進め方について試行錯誤するなど自らの学習を調整しながら，学ぼうとしているかどうかという意思的な側面を評価することが重要である。（下線は筆者加筆）

　ちなみに，算数科の「主体的に学習に取り組む態度」に関わる観点の趣旨として，小学校学習指導要領の算数科の目標(3)には「数学的活動の楽しさや数学のよさに気付き，学習を振り返ってよりよく問題解決しようとする態度，算数で学んだことを生活や学習に活用しようとする態度を養う」（文部科学省，2017a）と書かれています。

　この観点の学習評価はとても難解ではあるのですが，上記の下線部分と算数科の目標(3)を加味すると，「思考・判断・表現」の学習評価と大きくは違わないのではないかと考えています。西岡（2024）は「主体的に学習に取り組む態度」は「本来，『思考・判断・表現』と表裏一体なので，便宜上，区別するしかない」と述べており，**「思考・判断・表現」と「主体的に学習に取り組む態度」の評価の関連性が高い**ことは間違いないでしょう。

　問題が解けたら次々とプリントやドリルの問題を解くのではなく，数学的な見方・考え方を働かせて，根拠を基に筋道立てて考え，統合的・発展的に考察している姿こそ，「知識及び技能を習得したり，思考力，判断力，表現力等

を身に付けたりするために，自らの学習状況を把握し，学習の進め方について試行錯誤するなど自らの学習を調整しながら，学ぼうとしている姿」だと考えられます。こういった姿は「思考・判断・表現」観点において優れた姿であり，石井（2024b）が述べている「教科に向かう主体性」が身に付いている姿そのものではないでしょうか。

　また，石井（2023）は，「目標として総括的評価の対象とすべきは後者（思慮深く学び続ける力）であり，各教科の目標に照らして，いわば教科の見方・考え方を働かせて学ぼうとしていることを重視する必要があります」とも述べ，「主体的に学習に取り組む態度」観点の学習評価については，各教科等の見方・考え方を働かせていることを重視していることがわかります。この視点は，本章で述べてきた，数学的な見方・考え方を軸にした算数科の学習評価の考え方と相通じるものと考えています。

　「できたか」「できなかったか」ではなく，あくまで「数学的な見方・考え方を働かせて，学ぼうとしている姿」を見取ることも大切だと考えています。例えば，先述の対称な図形の学習で，解決した問題を発展させ「なぜ正奇数角形は線対称にならないのか？」ということを探究した子どもがいたとします。でも，その子どもは，他の子どもと一緒に考えても，この疑問を解決することができませんでした。しかし，数学的な見方・考え方を働かせて，自ら学ぼうとしているのであれば，肯定的に捉え，その思考方法を見取ることが大切です。なぜなら，**そういった姿を見取り，**

肯定的に評価を続けることで，少しずつ，「思考・判断・表現」観点においても，さらなる成長を見せるようになるからです。

【第8章　参考・引用文献】

・石井英真（2024a）『教育「変革」の時代の羅針盤　「教育 DX×個別最適な学び」の光と影』教育出版，pp.212－213

・国立教育政策研究所（2020）「『指導と評価の一体化』のための学習評価に関する参考資料　小学校算数」東洋館出版社，p.3，4，9－10

・文部科学省（2017a）「小学校学習指導要領（平成29年告示）」p.47

・教育出版（2024）『小学算数6　教師用指導書　朱書編』p.70

・文部科学省（2017b）『小学校学習指導要領（平成29年告示）解説　算数編』日本文教出版，pp.293－294

・西岡加名恵（2024）「学習評価の在り方からカリキュラム改善を考える」（令和6年4月26日　今後の教育課程，学習指導及び学習評価等の在り方に関する有識者検討会（第11回）資料3，p.52）

・石井英真（2024b）「学習指導要領の目標・内容の示し方について」（令和6年6月10日　今後の教育課程，学習指導，学習評価等の在り方に関する有識者検討会（第12回）資料2，p.16）

・石井英真（2023）『中学校・高等学校　授業が変わる学習評価深化論』図書文化，p.50

第8章のポイント

❶単元を通した評価の重要性

　数学的な見方・考え方というのは，問題を解くためだけでなく，既習との共通点を見つけたり，見つけた共通点を使って問題を発展させたりして，学習をつなげていくために働かせるものです。ですから，数学的な見方・考え方が働かせられているかどうかを見取るためには，単元を通して学習評価を積み重ねていく必要があるのです。そのために，まずは単元全体の評価規準を作成します。そのうえで，各時間の評価規準を作成します。

❷単元を通して働かせる数学的な見方を言語化することだけはやっておいた方がよい

　全単元・全時間で評価規準を考えることは，現実問題として難しいでしょう。しかし，ただ１つだけやっておいた方がよいのは，「単元を通して働かせる数学的な見方を言語化すること」です。これができていれば，子どもが「探究的な学習」をしていても，数学的な見方・考え方を働かせているかどうかを見取りやすくなります。

❸一番大事な学習評価は子どもに説明してもらうこと

　一番大事な学習評価は，子どもと会話をして，数学的な見方・考え方を働かせられているのかを見取ることです。ノートに書いていなくても，たくさん話し合いをして，数学的な見方・考え方を働かせているかもしれないからです。

第**9**章
算数科における「探究的な学習」の際の教師の役割

「探究的な学習」をするということは，一人一人の子どもが，自ら学びの主導権を握って学習を進めるということです。だれと関わるのか，何を学習するのか，何について深めるのか，そういったことを子どもが自分自身で判断しながら学習を進めることになるのですが，それを最初から「自分で自由にやってごらん」と言って，すぐにできるでしょうか。きっと，言われた子どもは困ってしまい，何をしてよいかわからなくなってしまうでしょう。

　子どもに学びを委ね，「探究的な学習」をするということは，それ以前に，「学び方」を身に付けさせなければなりません。また，教師は一人一人の子どもが学習する内容に寄り添い，その学習を価値づける必要があります。算数科における「探究的な学習」をするのであれば，子どもが探究していることが，いかに算数科として価値があるのかを伝えられなければなりません。そのためには，教材研究が欠かせないのです。

1 数学的な見方のつながりを意識した 系統性のある教材研究が一番の役割

　「探究的な学習」というと，ICT を利用できる環境を整えたり，机を話しやすいように配置したり，子どもがやりたいことをやれるように様々な教材を用意したりと，学習

環境を整えることを最初に想像されるかもしれません。学習環境を整えることは大切ですが，それと同等に，教材研究も大切です。しかし，ただ闇雲に1単位時間の教材研究をしていても仕方がありません。

清水（2023）は，以下のように述べています。

　数学的な見方・考え方が働き，その過程を通して数学的に考える資質・能力の育成を図ることができるので，この視点からの教材の価値を明らかにしておくことが欠かせない。

　単なる教材研究ではなく，**子どもが数学的な見方・考え方を働かせるという視点に立って教材研究をすることが重要**なのです。

　単元を通して働かせる数学的な見方を顕在化したうえで，1単位時間の学習でどんな数学的な見方を働かせるのかを想定することが重要だということです。

　R.R.スケンプ（1973）も，次のように，清水と同様のことを述べています。

　教材を概念的に分析し，ついで，生徒のシュマが調整を要する段階に特別な注意を払ったうえで，必要なシュマが十分発展できるよう注意深い教授計画を組まねばならない。

　シュマとは，一般的には，物事を理解するための枠組み

を指すものですが，算数科においては，数学的な見方といってもよいでしょう。子どもが数学的な見方が十分発揮できるようにするためには，数学的な見方のつながりを意識した教材研究を，教師がしなければならないのです。

「個別最適な学び」が「主体的・対話的で深い学び」の実現に向けた授業改善につなげていくためのものだったことからもわかる通り，教科教育において「深い学び」の実現は不可欠です。「深い学び」の実現には，各教科等の特質に応じた見方・考え方を働かせることが必要です。そのためには，**教師が学習する内容で働かせる数学的な見方を理解するとともに，子どもに「前の○○という学習との共通点は何かな？」「だったら，どんなことができそうかな？」と問い，既習や将来の学習とのつながりを意図的に意識させていくことが大切**になります。

「探究的な学習」において，子ども一人一人が数学的な見方・考え方を働かせられるようにするためには，教師が数学的な見方のつながりを理解していなければ，適切な声かけや価値付けはできません。「探究的な学習」では，子どもが様々な問題を解いていることも多くなります。そうなった場合，教師が数学的な見方のつながりを理解していなければ，適切な声かけや価値付けもできず，ただ「自分で学習を進められてすごいね」「みんなで考えられていていいね」といった，算数科を学習している意味とはかけ離れた，あまり価値のない声かけしかできなくなってしまうでしょう。

学習評価をするためにも，子どもを見取るためにも，数学的な見方を言語化しておくことは大切で，数学的な見方のつながりに基づいた単元構成をすることも重要です。

　よって，算数科における「探究的な学習」の際の教師の最大の役割は，**「数学的な見方のつながりを意識した系統性のある教材研究」**なのです。

　『小学校学習指導要領（平成29年告示）解説　総則編』の「1　改訂の経緯及び基本方針／(2)改訂の基本方針／③『主体的・対話的で深い学び』の実現に向けた授業改善の推進」には，以下のように書かれています（文部科学省，2017）。

　各教科等を学ぶ本質的な意義の中核をなすものであり，教科等の学習と社会をつなぐものであることから，児童生徒が学習や人生において「見方・考え方」を自在に働かせることができるようにすることにこそ，教師の専門性が発揮されることが求められること。（下線は筆者加筆）

　算数科において，子どもが数学的な見方・考え方を自在に働かせられるように，「数学的な見方のつながりを意識した系統性のある教材研究」をすることは，教師の専門性そのものであり，もっと言えば，教師が教師たる所以なのです。

「探究的な学習」を行う際の指導案を書く際も、数学的な見方・考え方を働かせるという視点はとても重要だと考えています。

「『探究的な学習』になると、子どもが何をするかわからないから、子どもがすることは書かない」という方もいるかもしれません。確かに、子どもが何をするかはわかりにくいですが、数学的な見方・考え方に基づいて考えるとある程度予想できます。事前に子どもが発展的に考察することをできるだけ予想しておけば、子どもの考えを1つでも多く価値付けたり、発展的な考察ができずに困っている子どもに「こんなことを考えてみたらどうかな？」と声かけしたりすることにもつながるのではないでしょうか。

また、算数が苦手な子どものつまずきを予想し、具体的な手立てを考えておくことも大切です。学習のはじめのつまずきを取り除けば、算数が苦手な子どもも「探究的な学習」に取り組める可能性が高まるかもしれません。

何をするかわかりにくいからこそ、数学的な見方のつながりを意識した系統性のある教材研究に基づいて、子どもがすることを教師が予想しておくことが、「探究的な学習」をするうえで大切だと考えます。

一例ですが、次ページからの3ページは、5年生の面積の個別学習で「探究的な学習」を行った際に私が書いた指導案です。「(3)本時案」には、子どもが発展的に考察すると予想したことや、つまずく子どもへの手立てを具体的に書きました。

第5学年算数科学習指導案

児　童：東京学芸大学附属小金井小学校5年
授業者：加固　希支男

研究主題：数学的な見方・考え方を働かせる個別学習のあり方を考える

1．単元名　　四角形と三角形の面積

図形の構成要素に着目して，基本図形の求積方法を既習の求積可能な図形に帰着して考えるとともに，計算で面積を求めた際に必要だった図形内の長さを使って求積の公式を考える。

2．研究主題について

(1) 研究主題の意図

個別最適な学びという言葉を聞くと，個別学習や自由進度学習といった学習形態の話になることが多いのではないだろうか。学習形態について考えることは不可欠ではあるが，「『個別最適な学び』と『協働的な学び』を一体的に充実し，『主体的・対話的で深い学び』の実現に向けた授業改善につなげていくことが必要である。」（中央教育審議会 2021）と述べられている通り，個別最適な学びは，「主体的・対話的で深い学び」の授業改善をするための手段である。よって，優先的に考えるべきは，「子どもの学習が，『主体的・対話的で深い学び』になっているか？」ということである。その上で，個別学習や自由進度学習といった学習形態のあり方を考えなければならない。

「主体的・対話的で深い学び」について紐解くと，「深い学び」については，「習得・活用・探究という学びの過程の中で，各教科等の特質に応じた『見方・考え方』を働かせながら，知識を相互に関連付けてより深く理解したり，情報を精査して考えを形成したり，問題を見いだして解決策を考えたり，思いや考えを基に創造したりすることに向かう『深い学び』が実現できているかという視点」（文部科学省 2017a）と述べられており，各教科等の特質に応じた見方・考え方を働かせることが必要となる。「各教科等以外の学習活動では，深い学びは実現できないのか？」ということについては検討すべきだが，各教科等において「深い学び」を行うためには，各教科等の特質に応じた見方・考え方を働かせることは不可欠である。よって，算数科の個別学習においては，子どもが数学的な見方・考え方を働かせながら学習に取り組んでいるのかが重要である。

(2) 数学的な見方・考え方を働かせる姿

数学的な見方とは「事象を数量や図形及びそれらの関係についての概念等に着目してその特徴や本質を捉えること」であり，数学的な考え方とは「目的に応じて数，式，図，グラフ等を活用しつつ，根拠を基に筋道を立てて考え，問題解決の過程を振り返るなどして既習の知識及び技能等を関連付けながら，統合的・発展的に考えること」である（文部科学省 2017b）。少し乱暴ではあるが，平たく言えば，数学的な見方とは「問題を解くための着眼点」であり，数学的な考え方とは「筋道立てて考えるとともに，既習との共通点を統合的に考えたり，学習を発展的に考えたりする思考方法」である。

そして，数学的な見方・考え方を働かせる姿とは，一言でいえば「数学的活動を自ら回している姿」ということができるだろう。数学的活動とは「事象を数理的に捉え，算数の問題を見いだし，問題を自

立的, 協働的に解決する過程を遂行すること」である（文部科学省 2017b）。そして、「数学的活動は, 数学を学ぶための方法であるとともに, 数学的活動をすること自体を学ぶという意味で内容でもある。また, その後の学習や日常生活などにおいて, 数学的活動を生かすことができるようにすることを目指しているという意味で, 数学的活動は数学を学ぶ目標でもある」（文部科学省 2017b）。この文章からもわかる通り, 算数科において数学的活動を回す姿は, 算数科における「学び方」であるとともに, 算数科を学習する際に目指すべき姿でもある。

既習で働かせた数学的な見方を「どこまで使えるのか？」と考えることで、「今回も使えた！」や「うまく使えなかったから, 少し変えてみよう」といった思考が働く。そして, 既習の学習との共通点を統合的に考え、「だったら, こんなこともできるかな？」と発展的に考えることもしやすくなる。それを繰り返すことで, 子どもの中で学習がつながり, 自ら学習を進めることができるようになる。まさに, 数学的活動を自ら回す姿が現われやすくなるのである。図1のように, 数学的な見方・考え方を働かせて学習内容に串を刺し進むイメージである。

【図1】数学的な見方・考え方を働かせるイメージ

3．本単元で働かせる数学的な見方・考え方

本単元は, 基本図形の面積を見いだす学習を行うが, その際「図形を構成する要素などに着目して, 既習の求積可能な図形の面積の求め方を基に考えたり, 証明したりすることが大切」（文部科学省 2017b）である。よって, 本単元において働かせるべき数学的な見方としては「面積が求められない形は, 求積可能な図形に変形する」「図形の性質に基づきながら, 図形の中にある長さに着目して公式化する」といったものが考えられる。そのままでは面積が求められない形（本時では台形）は, 今まで学習した面積を求められる形にし, いつでも計算で面積を求められるようにするために公式を考える。その際, 図形の性質（台形であれば, 上底と下底が平行であり, 高さが一定になっていること等）に基づきながら, 面積を求めるために立式した式と図形の中にある長さを結び付けながら公式を作る。

4．単元計画

第1時　L字型の面積の求積方法を考える。（一斉）
第2時　平行四辺形の求積方法を考え, 公式を作る。（一斉）
第3時　平行四辺形の求積公式の一般化を図る。（一斉）
第4時　三角形の求積方法を考え, 公式を作る。（個別）
第5時　三角形の求積公式の一般化を図る。（一斉）
第6時　台形の求積方法を考え, 公式を作る。（個別）：本時
第7時　ひし形の求積方法を考え, 公式を作る。（個別）
第8時　台形とひし形の求積公式の作り方を共有する。（一斉）
第9時　たこ形の求積方法を考えるとともに, 多角形の求積方法を考える。（個別）
第10時　単元の振り返り（個別）

5．本時について

(1) ねらい

台形の性質に基づきながら, 台形の求積方法を求積可能な図形に帰着して考えるとともに, 台形の中にある長さに着目して台形の求積公式を考える。

(2) 展開案

主な学習活動　予想される子どもの反応	○指導上の留意点　◇評価
1. 問題提示・数学的な見方の共有 T：これまで使ってきた着目ポイントは何かな？ C：面積を求められる形に変える。 C：図形の中の数値を使う。 T：そうですね。今日は台形の面積の求め方について考えます。これまで使ってきた着目ポイントが使えるのかを考えながら面積を求めましょう。 2. 個別学習 【台形の求積方法を考えるとともに，数学的な見方を統合する】 C：三角形を2つに分ければ求められる。 C：台形を2つつなげて÷2すれば求められる。 C：どんな方法でも，やっぱり「面積を求められる形にする」という着目ポイントを使っている。 【台形の求積方法の公式化】 C：三角形を2つに分ける方法は，9×4÷2＋3×4÷2＝(3＋9)×4÷2だから，(上底の長さの数＋下底の長さの数)×高さの長さの数÷2になる。 C：台形を2つつなげて÷2する方法は，(9＋3)×4÷2だから，これも(上底の長さの数＋下底の長さの数)×高さの長さの数÷2になるから，この式は公式になりそうだな。 【発展的な考察】 C：他の台形でも公式が使えるのか試してみよう。 C：ひし形や五角形の面積も求められるかな。 3. 振り返り C：台形の面積を求める時も，「面積を求められる形に変える」「公式を考える時は，図形の中の数値を使う」という着目ポイントが使えた。	○本単元で働かせてきた数学的な見方（本学級では「着目ポイント」と呼んでいる）を共有し，その数学的な見方が本時でも働かせることができるのかを共有する。 ○前時まで働かせてきた「面積を求められる形にする」という数学的な見方が働かせられているのかを見取るとともに，「面積を求められる形にする」という数学的な見方が働かせられていない子どもには，「どんな形にすれば面積が求められそうか」を考えさせる。 ○自分で求積ができない子どもには，教師から三角形に分けて考える求め方を提示する。 ○上底と下底という名前は教える。 ○公式を考える際，「図形の中の数値を使う」という数学的な見方が働かせられているのかを見取るとともに，「図形の中の数値を使う」という数学的な見方が働かせられていない子どもには，式に出てきた数値と図形を結び付けるように声をかける。 ○上記2点の数学的な見方を働かせられない子どもが多い場合は，一斉授業に戻し，共有をしてから個別学習に戻す。 ◇前時まで働かせてきた数学的な見方を働かせ，台形の求積方法と求積公式を考えることができる。 ○問題を発展させる時も，「面積を求められる形に変える」「公式を考える時は，図形の中の数値を使う」といった数学的な見方を働かせることができるのかを意識するように声をかける。

(3) 指導の工夫

　個別学習においても，前時までに働かせてきた数学的な見方を働かせ，新しい知識を自ら発見できるようにすることが重要である。本時であれば，「面積を求められる形にする」「図形の中の数値を使う」という2つの数学的な見方である。そのため，授業の導入でこの2つの数学的な見方を全体で共有し，「この2つの数学的な見方を働かせて，台形の面積の求め方を考えることができるのか？」という課題意識をもたせる。個別学習中に数学的な見方が働かせられない子どもには，上記の「指導上の留意点」のような声かけを行う。

2 「探究的な学習」中の教師の役割

「数学的な見方のつながりを意識した系統性のある教材研究」を前提にして,「探究的な学習」中の教師の役割について以下に述べます。

(1) 話を聞きたい人に自由に話を聞ける環境を築く

図1は,私が担任している学級の算数科における「探究的な学習」中の様子です。自分の席で学習している子どももいますが,自由に立ち歩いて,いろいろな人がやっていることを聞いて回ったり,わからないことを聞きに行ったりしています。**新しい学級を担任して最初にやることは,この「自由にだれにでも聞きに行っていい」という学習環**

図1 「探究的な学習」中の子どもの様子

境を築くことです。

試しに，明日の授業で「自由に立ち歩いて，だれに聞きに行ってもいいよ」と子どもに声をかけてみてください。すぐに子どもたちが動き始めたら，すでに「自由にだれにでも聞きに行っていい」という学習環境は整っています。しかし，多くの学級では，あまり子どもは動かないと思います。なぜなら，「学習は自分の席で座って行うものだ」という固定観念を子どもがもっているからです。もしくは，「一緒に話したり，考えたりする相手や時間は，先生が決めるものだ」という固定観念ももっていることが多いかもしれません。

算数科の授業において，自力解決が終わった後に，「では，隣の人と解き方について話し合ってみましょう」「グループになって，お互いの解き方の説明をしましょう」といった指示をすることは多いでしょう。こういった指示を受けてきた子どもたちは，「学習中は，話す相手は先生が決めるものなのだ」と学んでいる可能性があります。また，「自分以外の人の考え方を聞いたり，わからないことを他人に相談したりするタイミングも，先生が決めるものだ」ということも学んでしまっているかもしれません。

でも，こういった姿は自然なものでしょうか。皆さんが仕事をしているとき，聞く相手はだれかに指定されるでしょうか。他人に意見を聞いたり，わからないことを相談したりするタイミングはだれかに指示されるでしょうか。**大人も子どもも，聞きたいことを，聞きたい人に，聞きたい**

第9章　算数科における「探究的な学習」の際の教師の役割　175

タイミングで聞きに行くのが自然です。というよりも，その方が，学習効果としても高いということは容易に想像できます。

だから，「学習に関することであれば，いつでもだれとでも話してよい」ということを伝えていくことが重要です。しかし，何年もかけて，自分の判断で動かないことを教わってきていたら，動かないことが普通です。その状態をすぐに打開することは難しいですが，少しずつ軟化させていくのです。例えば，だれかが価値のある学習をしていたら，「○○さんがおもしろいことをしているよ！」と全体に声をかけるのです。そうすると，それを見ようと多くの子どもが集まってくると思います。そのとき，**興味をもって動いた子どもに対して「自分で知りたいと思ったことを，自分の席から動いて見に行ってすばらしい！」といった声かけをしていく**のです。そういう声かけを数か月続けていくと，だんだんと，話を聞きたい人のところへ聞きに行く子どもが増えていきます。

ただし，まずは隣の人，まわりの人と話してから動くようにさせます。そうしないと，特定の人とばかり話すようになってしまう恐れがあるからです。特定の人と話してばかりでは，教師が指示した人とだけ話しているのと同じになってしまうからです。

(2) まずは自分で考える

「自由にだれにでも聞きに行っていい」という学習環境

を築くうえで気を付けるべきことは，**「まずは自分で考えてから聞く」ということを子どもと共有すること**です。伏木（2023）は，以下のように述べています。

　個別学習は，自分の力でどこまで取り組めるのかに挑戦する学びであり，トライしていた学習が先に進めなくなったときに自分なりに打開策を考え，別のやり方を試行してみて，それでも問題解決に至らない場合は適切に他者に助言を求めて，場合によっては教師に質問するという一連の学習を自分の力で進めていく力をつけるために取り組むものである。

　何も考えずにだれかに聞いていては力が付きません。だれかに聞くのは，「自分で考えてみたけれど，わからなかった」「他の人の考え方も知りたい」「発展の仕方がわからないから，だれかと一緒に考えよう」といった場合でないと，効果が薄くなってしまいます。要するに，**「学習が自分事になっていること」が前提になる**ということです。

　私は，「自分で考えてから他の人の考えを聞いてみると，自分の考えとの共通点や違いがわかるよ」と伝えています。もちろん，様々な子どもがいるので，最初からまわりの人に聞かないと学習が進められない子どももいるでしょう。そういう子どもには，「答えが出なくてもいいから，まずは自分で解いてみるんだよ」「『何がわからないか』をわかってから聞いてみると，理解しやすくなるよ」と伝えて，

第9章　算数科における「探究的な学習」の際の教師の役割　177

少しでも自分で考えるように促しています。

(3)「探究的な学習」の際の教師の動き

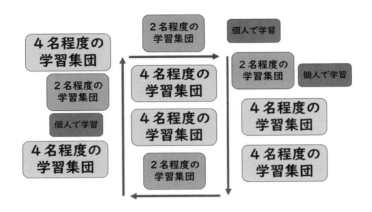

図2 「探究的な学習」の際の教師の動きのイメージ図

図2は,「探究的な学習」の際の教師の動きのイメージ図です。学級の中には,個人で探究している子どもも数名いますが,多くは,自分で問題を解いて,まわりの人たちと解き方の共有などをしたら,立ち歩いて自分の興味があることをやっている人たち同士で2〜4名程度のグループをつくって学習を始めます。もちろん,立ち歩かず,自分の席のまわりの人たちと一緒に学習を進める子どももたくさんいます。

教師は,個人で学習している子どもや各グループが取り組んでいることを把握するために,ぐるぐる教室の中を歩

き回り，声をかけます。

　声かけのパターンは，主に以下の３つです。

---

①問題は解けた？

②どんな着目ポイント（数学的な見方）が使えた？

③次はどんなことできそう？

---

　①「問題は解けた？」は提示した問題（１問目は全員共通の問題であると同時に，全員が解決できるようになってもらいたい問題。多くは，教科書通りの問題）が解けたかどうかの確認です。できない子どもがいたら，すぐに対応します。一人一人対応していると時間がかかってしまうので，**「『ちょっとわからなくて困っているよ』っていう人は，黒板の前においで」などの声かけを教師からして，子どもを集めて解説します**（詳しくは，次の(4)で述べます）。

　②「どんな着目ポイント（数学的な見方）が使えた？」は，ただ問題を解いて終わりにせず，数学的な見方を働かせることができたかを確認します。どうしても，子どもは「解くことで精一杯」になります。そこで，解き終わった後に，子どもが働かせた数学的な見方を自覚させ，既習とのつながりを意識させるのです。**数学的な見方を働かせるのは子どもで，教師は子どもが働かせた数学的な見方を自覚させる役割を担っている**と考えています。

　「昨日と同じ着目ポイントが使えた？」「昨日とは違った着目ポイントだった？」という声かけもよくします。でき

第９章　算数科における「探究的な学習」の際の教師の役割　179

る範囲で「どこでどのような数学的な見方を働かせたのか？」ということを子どもに説明させます。そして，既習とのつながりについても説明させます。

③「次はどんなことできそう？」は，発展的に考察することを促す声かけです。いくら数学的な見方が働かせられたとしても，**教師から与えられた問題を解いたところで止まってしまっては，自ら学習を創り出しているとは言えません。**そこで，「次はどんなことできそう？」と発展的に考察することを促すのです。

(4)問題が解けなかった子どもへの対応

個別学習では，自分で問題が解けない子どもがいます。問題が解けない子どもは，2パターンに分かれます。1つ目は，まわりの子どもに解き方を聞く子どもです。こういう行動をする子どもは，私が解き方を教えなくても問題はありません。2つ目は，わからなくて止まってしまう，もしくは，間違った解き方をしていても気付かないという子どもです。こういう子どもは，「自分でなんとかしよう」と思い過ぎてしまうので，私から声をかけるようにしています。

まず，数分間子どもがどんな解き方をしているのか様子を見守ります。そして，わからなくなっている，もしくは，間違った解き方をしている場合は，「解けた？」と声をかけます。すると，だいたい「う～ん」と困ったような返事をすることが多いです。そのときには**「じゃあ，先生と一**

緒にやってみよう」と声をかけると同時に，「解けなくて困っている人がいたら集まって」とクラス全体に声をかけるようにします。そうすると，4〜5名の子どもたちが集まってきます。子どもたちが集まる場所は，1人の子どもの机でもよいですし，黒板の前でもよいですし，どこでもかまいません。

　ここでのポイントは，「子どもに説明させる」ということです。いろいろな子どもがいるので，一緒に考えながら問題を解いてもよいですし，まずは教師が解き方を説明してもよいと思います。ただし，「教えて終わり」にしないということです。

　大人も子どもも同じですが，人は他者から説明を聞くと「わかったつもり」になります。しかし，実際にやってみると「あれっ，これってどうやるんだったっけ？」となることが多いと思います。だから，一緒に考えたり，教師が説明したりしたら，その後に，「じゃあ，今のことをもう一度説明してみて」と声をかけて，子どもに説明させるのです。

　次ページの図3は，6年生の円の面積の活用の学習で，よくあるラグビーボール型の面積の求め方を個別学習で考えた際のノートです。

　この子どもは，面積の学習の際には「面積を求められる形にする」という数学的な見方を働かせることは意識できていました。しかし，どんな形に変形すればよいかが思いつかなくて困っていました。同様の子どもが何人かいたの

第9章　算数科における「探究的な学習」の際の教師の役割　181

で，声をかけて，この子どもの机のまわりに集めました。

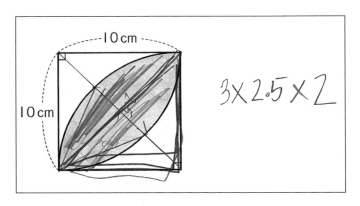

図3　個別学習中に自力で解決できなかった
　　　子どもが書いていたノート

そこで，$\frac{1}{4}$円から直角三角形の面積をひいて，ラグビーボール型の半分の面積を出して，それを2倍するという求め方を説明しました。式だと「$(10×10×3.14÷4 - 10×10÷2)×2$」となります。

この解法を私が説明した後，子どもに「じゃあ，今の解き方，もう1回説明してみて」と言って，説明してもらいました。その際も，数学的な見方を意識できるように，私から「面積を求められる形にするって着目ポイント（数学的な見方）は使えた？」と問い，$\frac{1}{4}$円や三角形の面積を求める際に働かせていることを自覚化させていきました。

ここまで終われば，あとは各自の席に戻って，まわりの子どもと一緒に違う解き方を考えたり，問題を発展させた

りすることができます。

　ちなみに，図３のノートを書いた子どもは，学習の後半では，まわりの子どもと一緒にラグビーボール型の面積の公式を考えていました（図４参照）。まさに，算数科における「探究的な学習」をしていたのです。

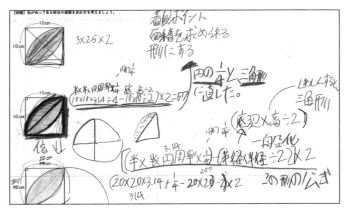

図４　ラグビーボール型の面積の公式を考えたノート

　この子どもがすごいのは，正方形の１辺の長さを20cmの場合でも確かめて，一般化を図っているところです。

　もし私が１問目の解き方を教えなければ，ここまで「探究的な学習」をすることはできなかったかもしれません。しかし，「問題が解けない子どもは，『探究的な学習』などできない」と考えるのは違うのではないかと思います。**自分で問題が解けなくても，解き方がわかれば，「だったら○○もできるかもしれない！」と考えられる子どもはたくさんいる**のです。

第９章　算数科における「探究的な学習」の際の教師の役割　183

だから，「教える」ことも大切で，「どこから考えさせるのか？」ということは，子どもによって違うということなのです。大事なことは，数学的な見方・考え方を働かせ，自分で知識を創り，学びを進める経験なのです。

3 「だれも嫌な思いをしないようお互いを尊重する」という相互承認の意識を守る

　算数科における「探究的な学習」をするためには，子どもがだれとでも関われる風土をクラス内に築く必要があります。

　しかし，これは一朝一夕で築くことができるわけではありません。学習中に，自らいろいろな人に聞きに行く子どもを肯定したとしても，それが許される，もしくは，安心してだれとでも関われる雰囲気がクラスになければ，子どももはいろいろな人と関わろうとはしないでしょう。

　教育現場においても「心理的安全性」という言葉が浸透していますが，まさに心理的安全性が保たれているクラスでなければ，算数科における「探究的な学習」は成立しないのです。もっと端的に言えば，**算数科における「探究的な学び」を成立させるための根幹は，学級経営である**ということです。

　学級経営の研究をされている，ある先生とお話をした際に「これだ！」と思ったお話を1つご紹介します。その方は，「学級経営には規律が必要だ」ということをおっしゃ

っていました。「規律」という言葉だけ聞くと，子どもを統率し，言うことを聞かせるような抑圧的なイメージをもつかもしれませんが，そうではありません。ここでいう規律というのは，**「だれも嫌な思いをしないようお互いを尊重する」という相互承認の意識を守るという意味での規律**です。私も，学級経営においてそれが一番大事なことだと考えています。

　だれかが嫌な思いをしないようにお互いに思いやり，一人一人の個性を尊重することについては，全員に守ってもらうように何度も伝えます。「自分さえ楽しければいい」「仲がいい人たちだけが幸せならばいい」ではなく，「みんなが居心地よく過ごせているのか？」「だれかが嫌な思いをしていないか？」ということを考えてほしいということです。

　この一線が守られているかどうかは，とても重要です。そうしないと，「自分が他の人と関わったら，仲のいい○○さんから嫌われないかな？」「１人で本を読んでいたら，『かわいそう』とか思われないかな？」「本当はやりたくないのに，『やりたくない』と言ったら『和を乱す』とか言われないかな？」みたいなことを考え始めて，どんどん不安になっていって居心地が悪くなります。自分でやりたいこと，言いたいことが言えなくなり，常に人の目を気にして行動するようになってしまいます。そうなったら，「探究的な学習」も成立しなくなります。なぜなら，「探究的な学習」は，「自分が知りたい・やってみたい」というこ

第９章　算数科における「探究的な学習」の際の教師の役割　185

とが原動力になる学習です。もし，**人の目を気にして動けない，話せない雰囲気がクラスに充満していたら，「自分が知りたい・やってみたい」ことにブレーキがかかってしまいます。**

　だから，「探究的な学習」をするためには，学習の前に，常日頃から「だれも嫌な思いをしないようお互いを尊重する」という相互承認の意識をクラスのみんなに守ってもらうように伝えていくことが重要です。だれかを傷つけるような行動には，だれであってもストップをかけ，「なぜだめなのか」を考えてもらいます。一人一人の個性については「みんなと違う」ことが当たり前であることを承認してもらうのです。

　次ページの図5は，今年度担任しているクラスの子どもたちが「探究的な学習」をしていたときの1コマです。このときは，柱体の体積の単元末の「探究的な学習」の時間に，「三角錐の体積は求められるのか？」と考えていました。みんなで工作用紙を切って三角錐をいくつも切りながら試行錯誤していました。こういう姿を見ていると，「だから，この子たちは『探究的な学習』ができるんだろうな」と思うとともに，信頼して「学びを委ねよう」と思えます。

図5 子どもが「探究的な学習」をしている様子

【第9章 参考・引用文献】

・清水美憲（2023）清水美憲・池田敏和・齊藤一弥編著『これからの算数科教育はどうあるべきか』東洋館出版社，p.26
・R.R. スケンプ（1973）藤永保・銀林浩訳『数学学習の心理学』新曜社，p.100
・文部科学省（2017）『小学校学習指導要領（平成29年告示）解説 総則編』東洋館出版社，p.4
・伏木久始（2023）奈須正裕・伏木久始編著『「個別最適な学び」と「協働的な学び」の一体的な充実を目指して』北大路書房，p.98

第9章のポイント

❶教師の最大の役割は「数学的な見方のつながりを意識した系統性のある教材研究」

算数科における「探究的な学習」において、「深い学び」の実現のためには、子どもが数学的な見方・考え方を働かせて、既習や将来の学習とのつながりを意識することが大切になります。よって、算数科における「探究的な学習」の際の教師の最大の役割は、「数学的な見方のつながりを意識した系統性のある教材研究」なのです。

❷「探究的な学習」の際の教師の動き

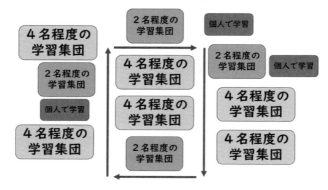

教師は、個人で学習している子どもや各グループが取り組んでいることを把握するために、ぐるぐる教室の中を歩き回り、主に以下の3つの声かけをします。
①問題は解けた？
②どんな着目ポイント（数学的な見方）が使えた？
③次はどんなことできそう？

【著者紹介】

加固　希支男 （かこ　きしお）

1978年生まれ。立教大学経済学部経済学科を卒業し，2007年まで一般企業での勤務を経験。2008年より杉並区立堀之内小学校教諭，墨田区立第一寺島小学校教諭を経て，2013年より東京学芸大学附属小金井小学校教諭。2022年に日本数学教育学会学会賞（実践研究部門）受賞。2023年明星大学通信制大学院にて修士（教育学）の学位を取得。
日本数学教育学会算数教育編集部幹事。

〈主な著書〉
『なぜ算数の授業で子どもが笑うのか』(2016年，東洋館出版社，単著)，『数学的な見方・考え方を働かせる算数授業』(2018年，明治図書，共著)，『発想の源を問う』(2019年，東洋館出版社，単著)，『「個別最適な学び」を実現する算数授業のつくり方』(2022年，明治図書，単著)，『小学校算数「個別最適な学び」と「協働的な学び」の一体的な充実』(2023年，明治図書，単著)，『「生涯にわたって能動的に学び続ける力」を養う教科教育への挑戦』(2024年，東洋館出版社，単著) 他多数

数学的な見方・考え方を働かせる
算数科の「探究的な学習」

2025年3月初版第1刷刊 ©著　者	加　固　希　支　男
発行者	藤　原　光　政
発行所	明治図書出版株式会社

http://www.meijitosho.co.jp

(企画)矢口郁雄 (校正)大内奈々子

〒114-0023　東京都北区滝野川7-46-1
振替00160-5-151318　電話03(5907)6701
ご注文窓口　電話03(5907)6668

＊検印省略　　　　　　組版所 長野印刷商工株式会社

本書の無断コピーは，著作権・出版権にふれます。ご注意ください。

Printed in Japan　　　　　　ISBN978-4-18-447325-6
もれなくクーポンがもらえる！読者アンケートはこちらから

授業がガラッと変わるほど、問いや価値づけの語彙が豊かに！

東京学芸大学附属小金井小学校算数部【編】
加固希支男・中村真也・田中英海【著】

算数授業で役立つ発問や言葉かけを目的別に100個収録。「『えっ』の気持ち、わかるかな？」（問題把握）「でも、それって偶然じゃないの？」（きまりへの着目）「うまくいかなかったことを話せるってすごいね」（苦手な子の支援）等々、超実践的なフレーズ集です。

224ページ／四六判／定価 2,486 円(10%税込)／図書番号：3275

明治図書　携帯・スマートフォンからは **明治図書 ONLINE へ**　書籍の検索、注文ができます。
http://www.meijitosho.co.jp　＊4桁の図書番号で、HP、携帯での検索・注文が簡単に行えます。
〒114-0023　東京都北区滝野川7-46-1　ご注文窓口　TEL 03-5907-6668　FAX 050-3156-2790

「個別最適な学び」と「協働的な学び」の現在地

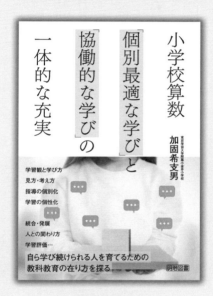

加固希支男
[著]

　「個別最適な学び」「協働的な学び」という2つの視点から、"自ら学び続ける人"を育てるための教科教育の在り方を問う1冊。先行研究や教育動向を丹念に紐解きつつ、1年間の実践の蓄積に基づいて、学び方から評価まで具体的かつ実践的な提案を行っています。

176ページ／四六判／定価 1,936 円(10%税込)／図書番号:4472

 携帯・スマートフォンからは **明治図書 ONLINE へ** 書籍の検索、注文ができます。▶▶▶

http://www.meijitosho.co.jp　＊4桁の図書番号で、HP、携帯での検索・注文が簡単に行えます。
〒114-0023　東京都北区滝野川7-46-1　ご注文窓口　TEL 03-5907-6668　FAX 050-3383-4991

実践を通して見えてきた
リアルな「個別最適な学び」の姿

加固希支男
[著]

「指導の個別化」と「学習の個性化」の両立を図りつつ、算数という教科の目標を実現することも目指した「個別最適な学び」一年間の実践を基にまとめた１冊。協働的な学び、１人１台端末、自己調整学習、学習評価など関連する重要なキーワードとともに掘り下げます。

192ページ／四六判／定価 1,980 円(10%税込)／図書番号：4471

明治図書 携帯・スマートフォンからは **明治図書ONLINE へ** 書籍の検索、注文ができます。▶▶▶

http://www.meijitosho.co.jp ＊4桁の図書番号で、HP、携帯での検索・注文が簡単に行えます。

〒114-0023 東京都北区滝野川 7-46-1　ご注文窓口　TEL 03-5907-6668　FAX 050-3383-4991